THE LANGUAGE GYM

EXTRANJEROS

BOOK 3

PERDIDOS EN EL CAMPO

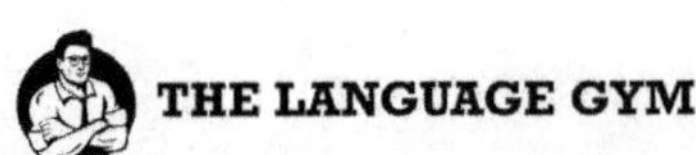
THE LANGUAGE GYM

About the authors

Tom Ball is head of the World Languages faculty and teaches French and Spanish at a leading international school in Malaysia. He is an experienced teacher and veteran faculty leader with 14 years of experience, ranging from the UK, the USA and now Malaysia. An avid writer, his stories are inspired by years of traveling and working around the world, including stints as a melon picker in the South of France, a deckhand in Papua New Guinea, and a wine merchant in London. He lives with his wife, Carlota, his son, Dacho, and their two cats in Kuala Lumpur. Tom has a passion for crafting intriguing story lines, writing witty prose, and creating dynamic characters that jump off the page and come to life. His teaching career, with a proven track-record ranging from Primary to A-Level, allows him to pitch the language at a level which creates challenging, engaging, but also student-friendly academic resources.

Dylan Viñales has taught for 15 years, in schools in Bath, Beijing and Kuala Lumpur in state, independent and international settings. He lives in Kuala Lumpur. He is fluent in five languages, and gets by in several more. Dylan is, besides a teacher, a professional development provider, specialising in E.P.I., metacognition, teaching languages through music (especially ukulele) and cognitive science. In the last five years, together with Dr Conti, he has driven the implementation of E.P.I. in one of the top international schools in the world: Garden International School. Dylan authors an influential blog on modern language pedagogy in which he supports the teaching of languages through E.P.I.

Gianfranco Conti taught for 25 years at schools in Italy, the UK and in Kuala Lumpur, Malaysia. He has also been a university lecturer, holds a Master's degree in Applied Linguistics and a PhD in metacognitive strategies as applied to second language writing. He is now an author, a popular independent educational consultant and professional development provider. He has written around 2,000 resources for the TES website, which have awarded him the Best Resources Contributor in 2015. He has co-authored the best-selling and influential book for world languages teachers, "The Language Teacher Toolkit", "Breaking the sound barrier: Teaching learners how to listen", in which he puts forth his Listening As Modelling methodology and "Memory: what every language teacher should know". Last but not least, Gianfranco has created the instructional approach known as E.P.I. (Extensive Processing Instruction).

DEDICATION

For Catrina
- Gianfranco

For Ariella and Leonard
- Dylan

For Carlota & Dacho
- Tom

Acknowledgements

A big thanks to our friends and family for the ongoing support and patience while we work hard to produce these resources.

Secondly, our most sincere thanks and gratitude to our team of volunteer student readers: Yoo Jin Lee, Jeevika Purkar, Smrithi Sankaranarayanan, Ameira & Anaya Dhanoa, Ishika Chakraborty, Xin Yuan Leow, Tim He, Natalie Wong, Marc Tang, Joshua Tomson, Nicole Sun, Shweta Nair, Zoe Skinner, Sam Sajan, Simran Kamal & Alba Confalone.

A special mention, as always, to the fabulous MFL Twitterati community for their support and feedback throughout the creation process of this book.

Thank you to Carlota Viguer Seriñá, Roberto Jover Soro, and Paloma Lozano García for their time spent reading, re-reading, proofreading and editing this book.

As always, credit to our illustrator Jean for her hard work and for lending her creativity and skill to help bring characters & scenes to life.

Finally, a shout-out to Christopher Santos for his help in the final proofreading stages. Your contributions are greatly appreciated.

Introduction

In the third part of the *Extranjeros* series, Sam heads into the Castilian countryside where he believes he will solve the mystery of his past. But what other secrets will he uncover and at what cost?

Under the baking Spanish sun, the gang travel through the bone-dry hills to La Almazara, a sinister compound, once a monastery, that the locals avoid at all costs. Sam and his friends must overcome their fears to reveal La Almazara's dark secrets and shed light on Sam's life.

Once inside the compound, Sam faces the wrath of the diabolical gangster, Alvaro, a pack of savage animals, and must then fight for his life to discover shocking information about his own family.

Conceived for, and with input from, iGCSE Spanish students, the **Extranjeros series** brings the iGCSE topic areas to life through an engaging and exciting mystery in one of the most beautiful locations in Spain. Thanks to its parallel texts which guarantee 100 % comprehensible input at all times; the repetition of key language items; the judicious use of cognates and choice of high-frequency vocabulary drawn from the 2,500 most frequent Spanish words, this book is ideal for learners in the A2-B1 proficiency band.

TABLE OF CONTENTS

CHAPTER 1

¿Qué hacía tu hermano anoche?

Estoy en un pueblo
abandonado. Hace un sol de
justicia y tengo calor. Delante
de mí hay dos figuras. No veo
5 sus caras y estoy gritando:
—¡Mamá, papá! —Ni se giran
ni contestan.
En mi corazón siento una gran
tristeza. Estoy solo; estoy
10 perdido.

Luego oigo voces en las
sombras, voces que me
amenazan: —Vete a casa,
15 inglés. No eres bienvenido aquí
—Intento correr, pero no
puedo, me pesan los pies.

Me despierto en mi cama
20 empapado en sudor. Respiro
hondo. Solo ha sido una
pesadilla, pero algo anda mal
en esta ciudad y no sé qué es.
Hassan, mi compañero de
25 habitación, está roncando como
un tronco en su cama.

Me levanto con cuidado para
no despertarle y abro la ventana
30 para que corra el aire.
Hay ropa sucia en el suelo y la
habitación huele a sudor rancio.

I am in an abandoned town.
The sun is beating down and
I'm hot. In front of me are two
figures. I don't see their faces
and I'm yelling, "Mum, Dad!"
They don't turn nor answer.

In my heart I feel great sadness.
I am alone; I'm lost.

Then I hear voices in the
shadows, voices that threaten
me: "Go home, Englishman.
You're not welcome here." I try
to run, but I can't, my feet are
heavy.

I wake up in my bed drenched
in sweat. I take a deep breath.
It's just been a nightmare, but
something's wrong in this town
and I don't know what it is.
Hassan, my roommate, is
snoring like a log in his bed.

I get up carefully so as not to
wake him and open the window
to let in some air.
There are dirty clothes on the
floor and the room smells of
stale sweat.

Me pregunto cuándo fue la
última vez que Hassan se duchó.
Entre la ropa sucia veo una guía
de conversación en ruso. «No
5 sabía que Hassan hablaba
ruso…» me digo cogiendo mis
llaves.
Salgo de la habitación sin hacer
ruido. Mis pensamientos
10 vuelven a las dos figuras que
había en mi sueño.

«¿Dónde están mis padres? ¿Y
por qué no han venido a
15 buscarme?».

Por suerte, no hay nadie en la
recepción; la verdad es que no
quiero ver a nadie. Ni a Hassan,
20 ni a Valentina, la chica guapa
que trabaja en la posada donde
me alojo, ni a su hermano…
Quiero estar solo y necesito
pensar. Llevo tres días sin saber
25 quién soy, ni de dónde vengo ni
quiénes son mis padres.

La verdad es que estoy harto de
todo. Lo único que sé, sin duda,
30 es que aquí tengo enemigos;
Álvaro y su hijo, Iván,
claramente quieren hacerme
daño.

I wonder when was the last
time Hassan took a shower. In
amongst the dirty clothes I see
a Russian phrasebook. *I didn't
know Hassan spoke Russian*, I
say to myself picking up my
keys.
I leave the room without
making a sound. My thoughts
return to the two figures in my
dream.

*Where are my parents? And
why haven't they come looking
for me?*

Luckily, there is no one at the
reception; the truth is that I
don't want to see anyone.
Neither Hassan, nor Valentina,
the pretty girl who works at the
inn where I'm staying, nor her
brother... I want to be alone and
I need to think. I have spent
three days not knowing who I
am, nor where I'm from nor
who my parents are.
The truth is that I'm sick of
everything. The only thing I
know, without a doubt, is that I
have enemies here; Álvaro and
his son, Iván, clearly want to
hurt me.

En cambio, no sé quiénes son mis amigos. Ayer me enteré de que el hermano de la encantadora Valentina es el hombre que me atacó en la catedral.

On the other hand, I don't know who my friends are. Yesterday I found out that the brother of the charming Valentina is the man who attacked me in the cathedral.

Toledo es una ciudad preciosa y me encanta, pero no puedo más… Quiero tener una vida más tranquila y menos peligrosa. Quiero irme a casa, pero… «¿dónde está mi casa?».

Toledo is a beautiful city and I love it, but I can't take it anymore… I want to have a calmer and less dangerous life. I want to go home, but… *where is my home?*

Cruzo la recepción silenciosamente y salgo por la gran puerta antigua de madera.

I cross the reception quietly and go out through the big old wooden door.

Afuera hace fresquito, pero el día está amaneciendo sin una nube en el cielo; va a hacer calor más tarde. «Me estoy acercando a la verdad», me digo, intentando ser positivo.

It's cool outside, but dawn is breaking without a cloud in the sky; it will be hot later. *I'm getting closer to the truth*, I tell myself, trying to be positive.

Pienso en la tarjeta de crédito que tengo en la cartera. Tiene un nombre: «La Almazara», un sitio a las afueras de Toledo.

I think about the credit card in my wallet. It has a name on it: *La Almazara*, a place on the outskirts of Toledo.

Tengo que ir a La Almazara en busca de mi identidad.

I have to go to *La Almazara* in search of my identity.

También tengo la foto
misteriosa de «Lorena».
Todavía no sé quién es, pero
quiero hablar con ella. Quizás
5 sepa por qué estoy en Toledo.

En la plaza hay un basurero
barriendo el suelo
tranquilamente mientras los
10 camareros ponen las sillas y las
mesas en su sitio. Los clientes
llegarán pronto para desayunar
y las palomas esperan con
expectación.
15

Me hubiera gustado hablar con
la viejecita que me ayudó ayer
-Carmen-, pero no está; así que
me siento en una mesa y pido
20 un chocolate caliente y una
ración de churros.

La camarera me reconoce y me
sonríe. Trae mi chocolate y me
25 pregunta: —Tocaste el cajón
con tu amigo ayer, ¿no?
Asiento con la cabeza y me
dice: —Me gustó mucho. ¿Vais
a tocar en las fiestas?
30

La miro confundido y me
explica que las fiestas de
Toledo empiezan mañana.

I also have the mysterious
photo of *Lorena*. I still don't
know who she is, but I want to
talk to her. Maybe she knows
why I'm in Toledo.

In the square there is a street
cleaner quietly sweeping the
floor while the waiters put the
chairs and tables in place. The
customers will be arriving soon
for breakfast and the pigeons
are waiting expectantly.

I would have liked to talk to the
old lady who helped me
yesterday -Carmen-, but she is
not around; so, I sit at a table
and order a hot chocolate and a
plate of *churros*.

The waitress recognizes me and
smiles at me. She brings my
chocolate and asks me, "You
played the *cajón* with your
friend yesterday, didn't you?"
I nod and she says to me,
"I really liked it. Are you going
to play in the festival?
I look at her confused and she
explains that Toledo's town
festival starts tomorrow.

—Habrá música y atracciones.
Toda la ciudad asistirá.
Le digo que voy a hablar con
Hassan, pero no tengo ninguna
5   intención de tocar delante del
público.

Me bebo el chocolate caliente a
sorbos y empiezo a sentirme
10   mejor. La gente en Toledo es
muy simpática. Tal vez lo que
pasó en la catedral por la noche
no tenía nada que ver conmigo.

15   Probablemente, estaba en el
lugar equivocado en el
momento equivocado.

«Lo que tengo que hacer es ir a
20   La Almazara y preguntar allí si
me conocen. Me van a ayudar,
estoy seguro. Luego cogeré el
tren -todavía me queda bastante
dinero- e iré a la Embajada en
25   Madrid para pedir ayuda o al
aeropuerto para volver a casa,
donde sea… Eso es lo que
haré».

30   Mi plato de churros llega. Están
recién hechos y huelen muy
bien.

There will be music and rides.
The whole city will be coming.
I tell her I'll talk to Hassan, but
I have no intention of playing
in front of an audience.

I sip my hot chocolate and start
to feel better. The people in
Toledo are very friendly.
Maybe what happened in the
cathedral last night had nothing
to do with me.

I was probably in the wrong
place at the wrong time.

*What I have to do is go to 'La
Almazara' and ask if they know
me. They will help me, I'm
sure. Then I'll take the train -I
still have a lot of money left-
and I'll go to the Embassy in
Madrid to ask for help or to the
airport to return home,
wherever that is… That's what
I'll do.*

My plate of churros arrives.
They are freshly made and
smell great.

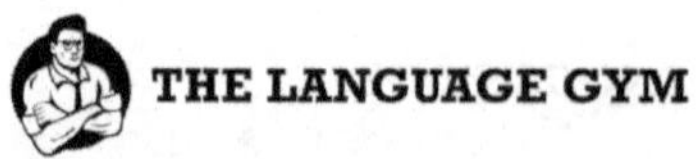

Me reclino en mi silla mirando
a las palomas hambrientas. «Sí,
me siento mucho mejor ahora
que tengo un plan».

5

—Te gusta madrugar, ¿no? —
dice una voz suave detrás de mí
y me sobresalto—. Pareces algo
nervioso esta mañana… ¡No
10 me extraña después de la noche
que tuviste ayer!

Es Valentina. Me sonríe y
siento el latido de mi corazón
15 acelerándose. Cada vez que la
veo, me parece más guapa.

Es pelirroja con el pelo largo y
ondulado. Tiene un rostro
20 radiante con ojos verdes y una
piel linda y luminosa.

El aroma de su perfume hace
que me sienta feliz.
25 —¡Valentina! —digo,
intentando actuar con
naturalidad, pese al gallo que
me sale—. ¿Por qué no estás en
el hostal?

30 Valentina pide un café y me
mira con sus ojos preciosos.

I lean back in my chair looking
at the hungry pigeons. *Yes, I
feel so much better now that I
have a plan.*

"You like to get up early, don't
you?" a soft voice says from
behind me and I jump. "You
seem a bit nervous this
morning… No wonder after the
night you had yesterday!"

It's Valentina. She smiles at me
and I feel my heartbeat speed
up. Every time I see her, she
seems even prettier.

She has long, red, wavy hair.
She has a radiant face with
green eyes and beautiful
glowing skin.

The scent of her perfume
makes me feel happy.
"Valentina!" I say, trying to act
natural, despite the momentary
high-pitched break in my voice.
"Why aren't you at the inn?"

Valentina orders a coffee and
looks at me with her beautiful
eyes.

—Hoy es el turno de Sara, ella trabaja allí con Fernando y conmigo.

"Today it's Sara's turn, she works there with Fernando and me."

5 Evito su mirada recordando la noche anterior cuando Fernando, su hermano mayor, atacó a mi tío y luego me persiguió en la oscuridad de la 10 catedral.

I avoid her gaze, remembering the night before when Fernando, her older brother, attacked my uncle and then chased me in the darkness of the cathedral.

Valentina no sabe lo que hizo su hermano.

Valentina doesn't know what her brother did.

15 —La verdad es que quería tomarme un café contigo. Hace ya unos días desde el momento que… compartimos en la muralla. Y hoy tengo el día 20 libre, así que…

"The truth is that I wanted to have a coffee with you. It's been a few days since the moment we... we shared on the city wall. And today I have the day off, so…"

Me pongo rojo pensando en lo que pasó, y, sobre todo, en lo que no pasó en la muralla.
25

I blush thinking about what happened, and, above all, about what didn't happen on the wall.

Valentina estaba a punto de besarme, pero… su teléfono móvil nos interrumpió.

Valentina was about to kiss me, but… her mobile phone interrupted us.

30 Su café llega y Valentina me pregunta: —¿Te acuerdas?

Her coffee arrives and Valentina asks me: "Do you remember?"

—Sí, Valentina, me acuerdo —
digo, desviando su mirada.

También me acuerdo de que su
hermano es miembro de la
banda que quiere hacerme
daño. Y me pregunto, «¿cómo
puedo saber con seguridad si
Valentina es parte del grupo o
no? ¿Es amiga o enemiga?».

Sin pensar, la miro y digo:
—¿Tú sabes dónde estaba
Fernando anoche?

Valentina toma un sorbo de su
café y se encoge de hombros.

—¿Mi hermano? Yo qué sé…
Me imagino que estaba con sus
amigos. Siempre está con ellos.
Volvió a eso de medianoche…
—Pone su café en la mesa—.
Tú estabas en la recepción
cuando volvió. ¿Por qué
preguntas por mi hermano?

«Porque es un delincuente y un
sinvergüenza», pienso, pero no
digo nada.

—Sam, ¿hay algo que quieras
decirme? —Me está mirando

"Yes, Valentina, I remember,"
I say, looking away from her.

I also remember that her
brother is a member of the gang
who wants to hurt me. And I
wonder, *how I can know for
sure if Valentina is part of the
gang or not? Is she friend or
foe?*

Without thinking, I look at her
and say: "Do you know where
Fernando was last night?"

Valentina takes a sip of her
coffee and shrugs.

"My brother? I don't know… I
imagine he was with his
friends. He's always with them.
He came back around
midnight..." She puts her coffee
on the table. "You were at the
reception when he came back.
Why are you asking about my
brother?"
*Because he's a criminal and a
scoundrel,* I think, but say
nothing.

"Sam, is there something you
want to tell me?" She's looking

detenidamente y su voz suena un poco irritada.

Quiero decir que sé quién es su
5   hermano; que es un criminal y
que trabaja con el gánster,
Álvaro. Pero no puedo. No
quiero pelearme con ella. La
verdad es que no quiero
10   molestarla. Solo quiero hacerla
feliz.

En ese momento, veo a Joanna
y a Yuki cruzando la plaza.
15   Joanna lleva un café y Yuki
está mirando su móvil. Joanna
nos mira y le dice algo a Yuki.
La alemana nos saluda con la
mano. Llegan a nuestra mesa y
20   se sientan con nosotros.

—¿Sigues vivo, Sam? —me
dice Joanna poniendo una
mano en mi hombro y cogiendo
25   un par de churros de mi plato
sin preguntar—. Anoche fue
una noche memorable. ¿Tienes
alguna idea de quiénes eran los
que te atacaron? ¿Has hablado
30   con la policía otra vez?

—Fantasmas —dice Yuki que
sigue mirando su teléfono—.

at me carefully and her voice
sounds a little irritated.

I want to say that I know who
her brother is; that he is a
criminal and that he works with
the gangster, Álvaro. But I
can't. I don't want to argue with
her. I really don't want to annoy
her. I just want to make her
happy.

At that moment, I see Joanna
and Yuki crossing the square.
Joanna is carrying a coffee and
Yuki is looking at her mobile
phone. Joanna looks at us and
says something to Yuki.
The German girl waves at us.
They come to our table and sit
with us.
"You're still alive, Sam?"
Joanna says to me, putting a
hand on my shoulder and
taking a couple of *churros* off
my plate without asking. "Last
night was a night to remember.
Do you have any idea who
attacked you? Have you talked
to the police again?"

"Ghosts," Yuki says, still
looking at her phone.

Según la web
www.toledoembrujado.es, la
catedral tiene más de veintitrés
fantasmas residentes.

According to the website
www.hauntedtoledo.es, the
cathedral has more than
twenty-three resident ghosts.

No sé si lo dice en serio o si es
una broma, pero miro a
Valentina y sacudo la cabeza.

I don't know if she's serious or
if she's joking, but I look at
Valentina and shake my head.

—No, no eran fantasmas, Yuki.
Pero la policía dice que no
había nadie en la catedral. No
sé quién era —Valentina me
observa fijamente—, pero hoy
me voy a enterar. ¿Vais a
ayudarme?

"No, they weren't ghosts, Yuki.
But the police say that there
was no one in the cathedral. I
don't know who it was,"
Valentina stares at me, "but
today I'm going to find out. Are
you going to help me?"

CHAPTER 2

La profesora no está

Yuki, Joanna y yo vamos a
Trabalenguas, la escuela de
idiomas. Tenemos clase de
español a las ocho en punto con
5 Renata, nuestra profesora.
Tengo ganas de ir a la clase
porque Renata es muy amable y
nos enseña un montón de cosas.

10 —¿Quieres volver a la catedral
esta noche, Sam? —dice
Yuki—. Esta vez haré un video
y podemos subirlo a internet. Si
vemos fantasmas, ¡vamos a
15 hacernos virales!

—No es algo que quiera repetir
y, desde luego, no quiero
hacerme viral, Yuki —contesto
20 imaginando una banda de
sombras persiguiéndonos por
las catacumbas. Un escalofrío
me recorre el cuerpo.

25 —Tenéis que tener cuidado,
chicos —dice Joanna
mordiendo la punta de un
churro—. Sean fantasmas o
criminales, son peligrosos.
30 Tenemos que hablar con la
policía. ¿Crees que el hombre
que viste en la catedral era tu
tío?

Yuki, Joanna and I go to
Trabalenguas (Tongue
Twisters), the language school.
We have Spanish class at eight
with Renata, our teacher. I'm
looking forward to the class
because Renata is very nice and
she teaches us a lot of things.

"Do you want to go back to the
cathedral tonight, Sam?" Yuki
says. "This time I will make a
video and we can upload it to
the internet. If we see ghosts,
we'll go viral!"

"It's not something I want to
repeat and, in any case, I don't
want to go viral, Yuki," I
answer, imagining a gang of
shadows chasing us through the
catacombs. A chill runs through
my body.

"You guys have to be careful,"
Joanna says, biting into the end
of a churro. "Whether ghosts or
criminals, they are dangerous."

"We have to talk to the police.
Do you think the man you saw
in the cathedral was your
uncle?"

Pienso en la figura que me esperaba en la catedral. «Estás en peligro», me dijo, «soy tu tío».

5 —No lo sé, Joanna. Me *dijo* que era mi tío, pero no le reconocí… Pero eso no significa nada cuando uno no sabe ni su propio apellido…

10

Cruzamos una calle para llegar al barrio donde está la escuela de idiomas. En la distancia veo la torre de la catedral.

15

—A lo mejor tu tío está muerto y te ha visitado desde el más allá… —dice Yuki.
—Yuki, por favor. ¡Basta ya de
20 fantasmas! —le digo bruscamente.

—Espero que tu tío esté bien —dice Joanna con la boca llena
25 de churro—. No me puedo creer que le hayáis dejado herido en el suelo.

Me paro en seco y la miro.
30 —¡Madre mía! ¡No *quería* dejarle, Joanna! No tenía otra opción… ¡Esta conversación no me está ayudando nada!

I think of the figure waiting for me in the cathedral. *You're in danger*, he told me, *I'm your uncle*.

"I don't know, Joanna. He *told* me that he was my uncle, but I didn't recognize him... But that doesn't mean anything when you don't even know your last name...

We cross a street to get to the neighborhood where the language school is. In the distance I see the tower of the cathedral.

"Maybe your uncle is dead and he was visiting you from the afterlife..." says Yuki.
"Yuki, please. Enough with the ghosts!" I snap at her.

"I hope your uncle is okay," Joanna says through a mouth full of churro. "I can't believe you left him injured on the ground."

I stop cold and look at her. "For the love of God! I didn't *want* to leave him, Joanna! I had no choice. This conversation is not helping me at all!"

—Podríamos habernos peleado
con los atacantes —dice Yuki
sin prestar atención.
—Sois increíbles, chicas.
5 Anoche casi me matan y
vosotras creéis que debería
haber hecho kung-fu para
defenderme…Venga, tenemos
que ir a clase.
10

Llegamos a la escuela de
idiomas. Está en un edificio
moderno entre una clínica y la
oficina de Correos.
15

Entramos en la recepción
donde un grupo de estudiantes
está sentado leyendo periódicos
y revistas en varios idiomas.
20 La recepcionista me llama:
—Señorito Sam —me dice,
pero sigue mirando la pantalla
de su ordenador—, alguien te
estaba buscando.
25

Me acuerdo del día anterior
cuando Álvaro, el gánster con
la serpiente tatuada en el
cuello, vino a la escuela y tuve
30 que esconderme en los aseos.

¿Me está buscando otra vez?

"We could have fought the
attackers," Yuki says without
paying any attention.
"You guys are unbelievable. I
almost got killed last night and
you think I should have done
kung-fu to defend myself…
Come on, we have to get to
class."

We arrive at the language
school. It is in a modern
building between a clinic and
the Post Office.

We enter the reception where a
group of students are sitting
reading newspapers and
magazines in various
languages.
The receptionist calls me, "Mr.
Sam," she says to me, but
keeps looking at her computer
screen, "someone was looking
for you."
I remember the day before
when Álvaro, the gangster with
the snake tattooed on his neck,
came to school and I had to
hide in the toilets.

Is he looking for me again?

—Una mujer llamó por teléfono —dice la recepcionista tecleando mientras me habla—. Dijo que era algo muy
5 importante…
—¿Sí? —contesto, optimista.
—Pero no hablaba español así que no entendí nada. Algo sobre tu padre…
10
—¡¿Mi padre?! —digo, casi gritando—. ¡¿Tienes un mensaje de mi padre?!
—¡Tranquilo! Ha sido una
15 mujer. Y como te dije, no entendí nada.

Quiero mencionar la ironía de que una recepcionista en una
20 escuela de idiomas, donde la mayoría de los estudiantes son ingleses y estadounidenses, no hable ni una sola palabra de inglés, pero en vez de eso le
25 digo: —Si llaman otra vez, ¿puedes darles mi número de teléfono, por favor?

Dejo mi número móvil con la
30 recepcionista. Me siento mareado. «¿Mi padre existe? ¿Está buscándome? ¿O se ha equivocado la recepcionista?

"A woman called," the receptionist says, typing as she speaks to me. She said it was something very important...

"Yes?" I answer, optimistic.
"But she didn't speak Spanish so I didn't understand anything. Something about your father..."

"My father?!" I say, almost yelling. "Do you have a message from my father?!"
"Calm down! It was a woman. And like I told you, I didn't understand a thing."

I want to highlight the irony of a receptionist at a language school, where the majority of the students are English and American, who doesn't speak a single word of English, but instead I say, "If they call again, can you give them my phone number, please?"

I leave my mobile number with the receptionist. I feel dizzy. *Does my father exist? Is he looking for me? Or has the receptionist made a mistake?*

Voy a tener que esperar para saberlo. Espero que llame otra vez».

5 Decido no decirles nada a Yuki y a Joanna por si acaso la recepcionista se equivocó.

Miro el reloj que está detrás de la recepcionista. Son las ocho y
10 cinco. Llegamos tarde a clase otra vez.

Yuki, Joanna y yo entramos en el aula donde todos nuestros
15 compañeros están sentados en sus sillas charlando y mirando sus teléfonos.

—¿Dónde está Renata? —le
20 pregunto a Chad, mi compañero estadounidense, que juega al *Minecraft* en su móvil—. Nunca llega tarde.

25 En ese momento, la directora de la escuela, una mujer joven y esbelta, que lleva un traje de chaqueta y pequeñas gafas redondas, entra en el aula y se
30 aclara la garganta.

—Buenos días. La señora Renata no está hoy.

I'm going to have to wait to find out. I hope he calls again.

I decide not to tell Yuki and Joanna just in case the receptionist made a mistake.

I look at the clock behind the receptionist. It's five past eight. We're late for class again.

Yuki, Joanna, and I walk into the classroom where all of our classmates are sitting in their chairs chatting and looking at their phones.

"Where is Renata?" I ask Chad, my American classmate, who is playing Minecraft on his phone.

"She's never late."

Just then, the school principal, a slim, young woman wearing a business suit and small round glasses, walks into the classroom and clears her throat.

"Good morning. Mrs. Renata is not here today."

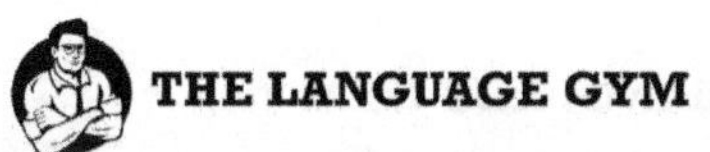

Desgraciadamente, no vais a
tener clase de español esta
mañana. Lo siento mucho. Las
clases continuarán mañana a las
5 ocho.

La directora se va y miro a
Yuki y a Joanna.

10 —¿Qué le ha pasado a Renata?
—Ni idea —dice Joanna.
Chad se acerca a mí y me
murmura:
—Su hermano está enfermo.
15 Está en el hospital. Creo que ha
sido un accidente de coche o
algo así. —le oigo decir, pero
estoy pensando en mi padre.

20 Tengo que hacer algo para
distraerme…Decido mandarle
un mensaje a Valentina. Ella no
trabaja hoy y me dijo que
quería pasar tiempo conmigo.
25

«Voy a buscarte ahora mismo»,
contesta Valentina, y la idea de
estar con ella a solas finalmente
me hace sonreír.
30

«Con suerte, la persona que
llamó, me llamará pronto».

Unfortunately, you are not
going to have Spanish class this
morning. I'm very sorry.
Classes will resume tomorrow
at eight.

The principal leaves and I look
at Yuki and Joanna.

"What happened to Renata?"
"I have no idea," Joanna says.
Chad walks over to me and
murmurs, "Her brother is sick.
He is in the hospital. I think it
was a car accident or something
like that." I hear him say, but
I'm thinking about my father.

I have to do something to
distract myself… I decide to
send Valentina a message.
She's not working today and
she said she wanted to spend
time with me.
*I'll come and get you right
now*, Valentina replies, and the
thought of finally being alone
with her makes me smile.

*Hopefully, the person who rang
will call me back soon.*

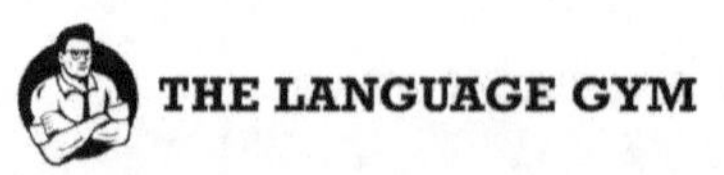

—Oíd, chicas. ¿Qué vais a
hacer con vuestro día libre
ahora que no hay clase? —les
pregunto a Yuki y a Joanna.
5   —Tengo ganas de investigar
los fantasmas que vimos
anoche en la catedral —dice
Yuki con una sonrisa de oreja a
oreja.
10 —Y yo creo que voy a ir al
hospital —dice Joanna—. Me
preocupa Renata. Os llamo
luego.

15 Cuando salimos de la escuela,
Valentina está esperándome en
su coche. Tiene un SEAT Ibiza
plateado. El coche tiene forma
de caja y unas franjas negras
20 que dicen «SuperSportXS» en
los lados.

No es el coche en el que
imaginaba a Valentina. Le pega
25 más un Mini o un Escarabajo…
—Es el coche viejo de mi
hermano —Valentina me dice
por la ventana del coche.

30 —Gracias por venir —le digo
un poco nervioso. Me sonríe y
dudo un momento.

"Hey, girls. What are you going
to do with your day off now
that there's no class?" I ask
Yuki and Joanna.
"I feel like investigating the
ghosts we saw last night in the
cathedral," Yuki says grinning
from ear to ear.

"And I think I'm going to go to
the hospital," Joanna says. "I'm
worried about Renata. I'll call
you later."

When we leave the school,
Valentina is waiting for me in
her car. She has a silver SEAT
Ibiza. The car is boxy with
black stripes reading
"SuperSportXS" on the sides.

It is not the car which I
imagined Valentina in. She
strikes me more as a Mini or a
Beetle girl…"It's my brother's
old car," Valentina tells me
through the car window.

"Thanks for coming," I tell her
a little nervous. She smiles at
me and I hesitate for a moment.

Creo que conoce mis
intenciones… El latido de mi
corazón se acelera otra vez.
«Yo sé que quiero besarla
5 pero… ¿quiere ella lo mismo?».

—¿Vais a La Almazara? —dice
Yuki detrás de mí—. Venga.
Voy con vosotros entonces.
10 Ponte detrás, Sam…

Me empuja hacia la puerta
trasera y mi corazón se hunde.
—¡A ver si hay alguna pista
15 sobre tu identidad en ese sitio!
—dice Yuki mientras intento
meterme a presión en el asiento
trasero del coche.

20 —Espera… —Tartamudeo.
Estoy decepcionado y
confundido—. ¿No ibas a jugar
a los «Cazafantasmas» en la
catedral?
25

—Más tarde —dice mientras
sube al coche—, quiero
ayudaros a resolver el misterio.

30 *Yo* quiero pasar el día con
Valentina, pero es verdad que
también quiero ir a La
Almazara.

I think she knows my
intentions… My heartbeat
speeds up again.
I know I want to kiss her but…
does she want the same?

"Are you guys going to *La*
Almazara?" Yuki says from
behind me. "Come on. I'll go
with you then. Get in the back,
Sam…"
She pushes me towards the
back door and my heart sinks.
"Let's see if there are any clues
to your identity in this place!"
Yuki says as she tries to
squeeze me into the back seat
of the car.

"Wait…" I stutter.
I'm disappointed and confused.
"Weren't you going to play
'Ghostbusters' in the
cathedral?"

"Later," she says as she gets
into the car, "I want to help you
guys solve the mystery."

I want to spend the day with
Valentina, but it's true that I
also want to go to *La Almazara*.

Pero creo que ellas no deberían
venir, es muy arriesgado.

—Valentina, me dijiste que
5 Álvaro era un gánster y, ahora,
quieres pasar a saludarlo en La
Almazara…? ¿No es peligroso
ir allí?
—Quizás, pero podemos echar
10 un vistazo, ¿no?—interrumpe
Yuki.
—De todas formas —añade
Valentina—, he dejado un
mensaje para Fernando, así que
15 él sabe adonde vamos. Si hay
algún problema, nos viene a
buscar.

«No es mucho consuelo»,
20 pienso, recordando a Fernando
atacándome en la catedral, pero
no digo nada.

En todo caso, es muy
25 reconfortante que quieran
ayudarme. Y Yuki tiene razón:
«es hora de saber quién soy y
parece que la solución a mi
misterio está en La Almazara».
30
—Muy bien —digo al final—.

But I don't think the girls
should come, it's too risky.

"Valentina, you told me that
Álvaro was a gangster and,
now, you want to go and say hi
to him at La Almazara…? Isn't
it dangerous to go there?"
"Maybe, but we can take a
look, right?" Yuki interrupts.

"Anyway," Valentina adds,
"I've left a message for
Fernando, so he knows where
we're going. If there's a
problem, he'll come looking for
us."

'That's not very reassuring,' I
think, remembering Fernando
attacking me in the cathedral,
but I don't say anything.

In any case, it is very
comforting that they want to
help me. And Yuki is right: *it's
time to find out who I am and it
seems that the solution to my
mystery is in La Almazara.*

"Very well," I say finally.

Vamos a La Almazara, pero
solo para echar un vistazo,
¿vale? Y después os invito a
comer en la plaza, ¿qué os
5   parece?

Valentina sonríe y asiente, y
Yuki dice:
—Y luego volvemos a la
10 catedral, ¿vale?

"Let's go to *La Almazara*, but
just to take a look, okay? And
then I'm inviting you to eat in
the town square, what do you
think?"

Valentina smiles and nods, and
Yuki says, "And then we'll go
back to the cathedral, okay?"

CHAPTER 3

Un pasajero sorprendente

Salimos de Toledo por un
puente antiguo que parece de la
época de los romanos. Paramos
en un semáforo y veo el casco
5   histórico en el espejo retrovisor
de Valentina.

La ciudad reluce de forma
espectacular bajo la luz dorada
10   de la mañana. Es como el
escenario de una película
medieval de caballeros y
princesas.

15   Toda la ciudad es un museo
viviente.

Valentina enciende la radio y
escuchamos a un cantante de
20   flamenco que suena muy triste.
Seguimos el río y luego
subimos por las colinas ocres y
doradas que rodean la ciudad.

25   Después de sólo cinco minutos
nos encontramos en pleno
campo. La tierra está muy seca,
y el paisaje vacío e implacable.

30   No hay aire acondicionado en
el coche. Valentina tiene las
ventanillas abiertas, pero aún
así tengo mucho calor.

We leave Toledo via an old
bridge that looks like it dates
back to Roman times. We stop
at a traffic light and I see the
old town in Valentina's
rearview mirror.

The city gleams spectacularly
in the golden morning light. It's
like the setting of a medieval
movie about knights and
princesses.

The whole city is a living
museum.

Valentina turns on the radio
and we hear a flamenco singer
who sounds very sad. We
follow the river and then climb
the hills of ochre and gold that
surround the city.

After only five minutes we are
in the middle of the
countryside. The land is very
dry, and the landscape is empty
and unforgiving.
There is no air conditioning in
the car. Valentina has the
windows open, but I'm still
very hot.

—Hace un calor que caen los patos asados—dice Valentina mirándome por el retrovisor—. ¿Sabes que es época de incendios?

—¿Incendios? —repito—. ¿De qué estás hablando?

—Llevamos casi un año sin una gota de lluvia en nuestra región —explica—. Hay sequía y el campo en Argés está extremadamente seco.

—El año pasado dos granjeros murieron en un incendio cerca de aquí…

—¡Argés! Mi familia de acogida vive allí —interrumpe Yuki con felicidad—. ¡Tienen un restaurante muy bueno que se llama Casa Juancho!

—Hacen espectáculos de flamenco, ¿no? —dice Valentina—. ¡Lo conozco! Con este chico tan guapo…¿Cómo se llama? «El Valija» ¿no?…
—«El Velilla» —corrige Yuki—, pero sí, es increíble.

"It's roasting hot," Valentina says, looking at me in the rearview mirror. "Do you know it's wild fire season?"

"Wild fires?" I repeat. "What are you talking about?"

"We've gone almost a year without a drop of rain in our region," she explains. "There is a drought and the fields in Argés are extremely dry."

"Last year two farmers died in a fire near here..."

"Argés! My foster family lives there," Yuki interrupts happily. "They have a very good restaurant called Casa Juancho!"

"They do flamenco shows, right?" says Valentina. "I know the place! With that handsome boy… What is his name? 'The Suitcase' right?...
The Little Flame" Yuki corrects, "but yes, he's incredible."

Y guapísimo. Un espectáculo.
Mueve las manos como si
fueran llamas de fuego
moviéndose en la brisa. Podría
5   verle bailar toda la noche, la
verdad.

—Vale, chicas, vale —
interrumpo sin querer—. Estoy
10 seguro de que «el Velero» es
muy guapo, pero ¿podemos
concentrarnos en La Almazara?
¿Está en Argés?

15 Creo que Yuki murmura algo
como «celos» entre dientes y
echa un vistazo a Valentina que
se ríe, pero no digo nada.

20 Diez minutos más tarde,
llegamos a un pequeño pueblo
histórico: Argés. Yuki nos
cuenta todo lo que hay en el
pueblo: una plaza en el centro,
25 un par de restaurantes, una
cafetería, el ayuntamiento, una
iglesia, una cooperativa de
aceite de oliva y, en las afueras,
un campamento de gitanos.
30
La gente en la calle nos mira
como si fuéramos animales

"And gorgeous. A real
spectacle. He moves his hands
as if they were the flames of a
fire moving in the breeze. I
could watch him dance all
night, really."

"Alright girls, alright," I
interrupt inadvertently. I'm sure
the Sailboat is very handsome,
but can we focus on *La
Almazara*? Is it in Argés?"

I think I hear Yuki mutter
something like *jealous* under
her breath and glance at
Valentina who laughs, but I
don't say anything.
Ten minutes later, we arrive at
a small historical town: Argés.
Yuki tells us everything there is
in the town: a square in the
centre, a couple of restaurants,
a café, the town hall, a church,
an olive oil producer and, on
the outskirts, a gypsy camp.

The people in the street look at
us like we're exotic animals,

exóticos, pero Yuki les saluda con la mano como si fuera la reina.

5 Giramos en una calle al lado de la iglesia.

—Ya hemos llegado —dice Valentina aparcando el coche a
10 un lado de la calle.
—¿A una escena de *Don Quijote*?—le pregunto a Valentina mirando la torre antigua de la iglesia.
15

Bajamos del coche y Valentina lo cierra con llave. Hace mucho calor y el aire es seco como si estuviéramos en un desierto.
20

Miro a mi alrededor: las calles son estrechas y las casas, antiguas y bajas, tienen las persianas cerradas.
25

Valentina viene a mi lado.

—Mira —señala hacia un gran portón al final de una de las
30 calles. Parece la entrada de una cárcel.

but Yuki waves at them like she's the queen.

We turn into a street next to the church.

"We're here," Valentina says, parking the car on the side of the street.
"To a scene from Don Quixote?" I ask Valentina looking at the old tower of the church.

We get out of the car and Valentina locks it. It is very hot and the air is dry as if we were in a desert.

I look around me: the streets are narrow and the houses, old and low, have their shutters closed.

Valentina appears at my side.

"Look at it," she points to a large gate at the end of one of the streets. It looks like the entrance to a prison.

No veo nada más allá del portón salvo una chimenea alta de ladrillo que se ve por encima de los techos hundidos de las
5 viejas casas del pueblo.

I can't see anything beyond the gate except a tall brick chimney stack that looks out over the sagging roofs of the old houses in town.

—Es un sitio conocido, Sam. Oficialmente es una cooperativa de aceite de oliva -
10 una almazara-, pero ya nunca venden aceite.

"It's a well-known place, Sam. Officially it is an olive oil cooperative -an oil mill-, but they no longer sell any oil."

—Todos saben que, ahora, es la sede de las operaciones de
15 Álvaro.

"Everyone knows that it is now the headquarters of Álvaro's operations.

Miro la chimenea con interés.

I look at the chimney stack with interest.

—Y ¿por qué la policía no hace
20 nada?

"And why don't the police do anything?"

—Porque Álvaro tiene amigos en todas partes y…—Valentina duda un momento.

"Because Álvaro has friends everywhere and…" Valentina hesitates for a moment.

—¿Y…? —repite Yuki.

"And…?" Yuki repeats.

25 —Y la verdad es que… —dice Valentina mirando alrededor de nosotros—. La verdad es que hay personas que entran —Baja su voz antes de decir—, pero
30 no salen. Por eso la gente no pregunta lo que pasa dentro.

"And the truth is that…" says Valentina looking around us. "The truth is that there are people who enter, " she lowers her voice before saying, "but don't come out. That's why people don't ask what's going on inside."

No sé qué decir. Dentro de este sitio están las respuestas que estoy buscando: información sobre mi identidad y mi
5 familia.

Pero no estoy seguro de que sea buena idea entrar sin invitación. «¿Debería tocar el timbre? ¿O
10 pedir cita con el jefe?».

Valentina me toca la mano ligeramente y sonríe nerviosamente. Un escalofrío
15 me recorre por todo el cuerpo; una curiosa mezcla de emoción y temor.

—Venga, hay una cafetería al
20 lado del ayuntamiento. ¿Tomamos un café?

Pasamos por la calle y encontramos una cafetería en el
25 centro de la plaza Mayor del pueblo. El ayuntamiento está a un lado y la iglesia está al otro.

Veo niños con instrumentos
30 musicales entrando en la iglesia mientras el cura les espera en la puerta.

I don't know what to say. Inside this place are the answers I'm looking for: information about my identity and my family.

But I'm not sure walking in uninvited is a good idea. *Should I ring the bell? Or make an appointment with the boss?*

Valentina touches my hand lightly and smiles nervously. A chill runs through my whole body; a curious mix of excitement and fear.

"Come on, there's a café next to the town hall. Let's have a coffee?"

We go down the street and find a café in the centre of the town's main square. The town hall is on one side and the church is on the other.

I see children with musical instruments entering the church while the priest is waiting for them at the door.

Nos mira con sospecha, pero cuando ve a Yuki, saluda con la mano.
—Se llama Jesús —dice Yuki.
5 —¿Quién? —le pregunto.
—El cura. Qué nombre más apropiado, ¿no?

Nos sentamos en la plaza. Pido
10 agua porque no quiero tomar café. Estoy un poco mareado. Yuki no se sienta con nosotros; sigue mirando la chimenea de La Almazara.
15

Me preocupa que se le ocurra escalarla.

El camarero es un hombre de
20 unos cincuenta años. Lleva un pantalón negro y una camisa blanca. Me trae un vaso de agua y me pregunta:
—¿Algo más?
25 Le miro y pregunto:
—¿Conoces al dueño de La Almazara?

Me mira fijamente.
30 —¿Te interesa La Almazara, hijo? Pues, ¿prefieres la historia corta o la larga?

He looks at us suspiciously, but when he sees Yuki, he waves.
"He's called Jesus," says Yuki.
"Who?" I ask her.
"The priest. A fitting name, right?"

We sit in the square. I ask for water because I don't want to have a coffee. I'm feeling a little dizzy. Yuki doesn't sit with us; she continues looking at the chimney of *La Almazara*.

I'm worried that she's going to climb it.

The waiter is a man in his fifties. He wears black trousers and a white shirt. He brings me a glass of water and asks, "Anything else?"

I look at him and ask: "Do you know the owner of *La Almazara?*"

He stares at me.
"Are you interested in *La Almazara*, son?" Well, do you want the short story or the long one?

—Los titulares me valen, por
favor —le digo.

5 El camarero mira a los otros
clientes, todos tienen bebidas y
están charlando. Se acerca a
nosotros.

—El edificio es un antiguo
10 monasterio. Una orden de
Dominicanos vino aquí hace
muchísimos años. Luego, en la
guerra civil española de 1936,
fue convertido en barracas y,
15 después de la guerra, en una
cooperativa de aceite. Mi
abuelo trabajó allí muchos
años.

20 Lo miro sin saber si esa era la
historia larga o la corta.

—Pero, hijo, ahora no hay
buena gente ahí, ¿sabes?
25
Me pregunto si debería contarle
la verdad: que quiero entrar en
La Almazara porque estoy
perdido en España sin apellido
30 ni identidad, y que creo que las
respuestas que necesito están
ahí.

"The headlines will do, please,"
I tell him.

The waiter looks at the other
customers, they all have drinks
and are chatting. He moves
closer to us.

"The building is an old
monastery. A group of
Dominicans came here many
years ago. Then, in the Spanish
civil war of 1936, it was
converted into barracks and,
after the war, into an oil
cooperative. My grandfather
worked there for many years."

I look at him not knowing if
that was the long or short story.

"But, son, now there aren't any
good people there now, you
know?"
I wonder if I should tell him the
truth: that I want to enter *La
Almazara* because I am lost in
Spain without a last name or
identity, and that I believe that
the answers I need are there.

Pero en vez de decirle todo eso, saco mi cartera y le muestro la foto de «Lorena».

But instead of telling him all that, I take out my wallet and show him the photo of *Lorena*.

5 El señor coge la foto y entrecierra los ojos. Saca un par de gafas con cristales gruesos.

The man takes the photo and narrows his eyes. He pulls out a pair of glasses with thick lenses.

Mira la foto y me mira.
10 —Es una chica guapa —me dice—, pero no la conozco. ¿Quién es?

He looks at the photo and he looks at me. "She's a pretty girl," he says to me, "but I don't know her. Who is she?"

«Es lo que quería que tú me
15 dijeras», me digo.

It's what I wanted you to tell me, I say to myself.

Estoy decepcionado, pero la verdad es que no pensaba que fuese a descubrir la verdad con
20 tanta facilidad. Claramente va a ser difícil.

I'm disappointed, but I really didn't think I would find out the truth so easily. It's clearly going to be difficult.

El camarero da la vuelta a la foto y mira de cerca la
25 inscripción.
—Lorena, es lo que dice, señor. —le digo—. ¿Conoces el nombre? —le pregunto con entusiasmo.
30

The waiter turns the photo over and looks closely at the inscription.
"Lorena, is what it says, sir," I tell him. "Do you know the name?" I ask him excitedly.

Me mira otra vez.
—¿Lorena?
—Sí… Lorena, —repito.

He looks at me again.
"Lorena?"
"Yes... Lorena," I repeat.

Finalmente me mira y sacude la
cabeza.
—No, no creo que sea
«Lorena», hijo. Me parece que
5 pone: «La reina», pero no creo
que haya ninguna reina en
aquella fortaleza… Sólo
conozco a tres reinas: la de
Inglaterra, la de España, y la de
10 *Bohemian Rhapsody*—y se
empieza a reír, él solo, a
carcajadas.

Miro a Valentina que suspira y
15 desvía la mirada, pero Yuki, en
cambio, sí se ríe.

En ese momento un coche nos
pasa. Un coche verde.
20 Sorprendido, lo miro con
interés. Es igual que el que me
atropelló. Hasta la abolladura
que hay en el capó.

25 Lo miro entrecerrando los ojos
y, tras el reflejo del sol, veo al
pasajero.

Es Hassan.

Finally, he looks at me and
shakes his head.
"No, I don't think it's *Lorena*,
son. I think it's: *The Queen*, but
I don't think there is any queen
in that fortress... I only know
three queens: the one from
England, the one from Spain,
and the one from Bohemian
Rhapsody—and he starts
laughing, all by himself,
heartily.

I look at Valentina who sighs
and looks away, but Yuki on
the other hand, does laugh.

At that moment a car passes us.
A green car.
Surprised, I look at it with
interest. It's the same as the one
that hit me. It even has the
same dent in the bonnet.

I look at it narrowing my eyes
and, through the reflection of
the sun, I see the passenger.

It's Hassan.

30

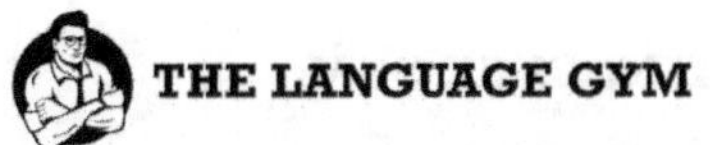

CHAPTER 4

Yuki toma la iniciativa

El coche verde se acerca al portón. Me levanto, estupefacto.

5 «¿Por qué está Hassan -mi amigo, mi compañero de habitación- en el coche que me atropelló? ¿Por qué va a La Almazara? ¿Y quién es el 10 conductor? No le vi, pero *tengo que* averiguarlo».

Se oye un chirrido y el portón de La Almazara comienza a 15 abrirse.

«¿Qué está haciendo?», me pregunto. Si es el mismo coche -y estoy seguro de que lo es- el 20 conductor es el que intentó matarme.

«¿Está Hassan en peligro?».

25 Sin duda, las respuestas que busco están escondidas en La Almazara. Y ahora mi amigo también está ahí dentro. Siento un fuerte deseo de entrar, pero 30 tengo miedo y no puedo moverme, al igual que en mi sueño.

The green car approaches the gate. I get up, stunned.

Why is Hassan - my friend, my roommate - in the car that hit me? Why does he go to 'La Almazara'? And who is the driver? I didn't see him, but I have to find out.

There is a creak and the gate of *La Almazara* begins to open.

What is he doing? I wonder. If it's the same car - and I'm sure it is – then the driver is the one who tried to kill me.

Is Hassan in danger?

Without a doubt, the answers I seek are hidden in La Almazara. And now my friend is in there too. I feel a strong urge to go inside, but I am afraid and can't move, just like in my dream.

En cuanto el coche entra y mientras la puerta comienza a cerrarse, veo que alguien está corriendo callejón arriba hacia
5 La Almazara. «¡Yuki!». El portón se cierra despacio y miro con horror como Yuki se cuela dentro.

10 —¿Qué hace Yuki? ¿Está loca? —digo desesperadamente. Valentina me mira y luego se gira y ve que se está cerrando el portón.
15

—¡No puede ser! —me dice—. ¡Dime que Yuki no entró allí sola!

20 Suspiro. El corazón se me sale por la boca.

—Me temo que sí —contesto—. Y, ¿has visto que *Hassan* iba en
25 el coche verde? Tenemos que hacer algo *ahora…*
—¡¿No?! Pero, ¿el mundo se ha vuelto loco? *No* podemos entrar allí —me dice mientras
30 yo pago la cuenta.

Siento la subida de adrenalina por mi cuerpo.

As soon as the car enters and as the door begins to close, I see someone running up the alley towards *La Almazara. Yuki!* The gate closes slowly and I watch in horror as Yuki slips inside.

"What is Yuki doing? Is she crazy?" I say desperately. Valentina looks at me and then turns to see the gate closing.

"It's not possible!" She says to me. "Tell me Yuki didn't go in there alone!"

I sigh. My heart is thumping like mad.

"I'm afraid so," I reply. "And did you see that *Hassan* was in the green car? We have to do something *now...*"
"No?! But, has the world gone crazy? We *can't* go in there," she tells me as I pay the bill.

I feel adrenaline rush through my body.

—Valentina, *tenemos que* entrar.

—Es una locura, Sam. Y de todos modos no podemos trepar el portón. Es demasiado alto y nos van a ver.

Valentina se levanta. Yo también.

—Tenemos que hacer algo — digo en voz baja.

Cruzamos la plaza y entramos en el callejón para examinar el portón.

Mientras nos acercamos, noto como un nudo de ansiedad en la garganta y la adrenalina corriendo por mis venas.

Es un portón ancho, alto y metálico. Me recuerda al puente levadizo de un castillo. Dentro oigo perros ladrando locamente y siento una gota de sudor frío que me cae por la frente.

Hace un calor de mil demonios y estoy muy preocupado por Yuki, y por Hassan también.

«¿Qué está pasando hoy?».

"Valentina, *we have to* go inside."

"This is crazy, Sam. And, besides, we can't climb the gate. It's too high and they're going to see us."

Valentina gets up. So do I.

"We have to do something," I say quietly.

We cross the square and enter the alley to get a good look at the gate.

As we approach, I feel a lump of anxiety in my throat and adrenaline coursing through my veins.

It is a wide, tall, metallic gate. It reminds me of the drawbridge of a castle. Inside I hear dogs barking wildly and I feel a drop of cold sweat running down my forehead.

It's hot as hell and I'm really worried about Yuki, and Hassan too.

What is going on today?

—Sam, tú podrías auparme —
Valentina dice con
incertidumbre. Está delante de
mí inspeccionando el portón.
5 Los perros siguen ladrando—.
Yo puedo subir y entrar.
—¿*Auparme*?¿Qué es eso?
—Significa levantarme—
contesta Valentina levantando
10 sus brazos.

—¿Pero estás loca? —digo con
un tono más borde de lo que
quería—. ¿Y qué vas a hacer si
15 consigues entrar? ¿Vas a luchar
con esos perros rabiosos y con
los gánsteres?

Se gira y me mira con furia.
20 —Nuestros amigos están
dentro. Me dijiste que teníamos
que hacer algo. ¿Qué propones
tú, guapo?

25 El sudor resbala por mi
espalda. Siento el calor del sol
encima de nosotros y el peso de
la responsabilidad sobre mis
hombros flacos.

30

Yuki está en peligro por mi
culpa. Tengo que hacer algo
para ayudarla.

"Sam, you could give me a
bunk up," Valentina says
uncertainly. She is ahead of me
inspecting the gate.
The dogs keep barking. "I can
climb up and go in.
"Give me a *bunk up*? What's
that?"
"It means lift me up," Valentina
answers, raising her arms.

"But are you crazy?" I say
more sharply than I'd intended.
And what are you going to do if
you get in? Are you going to
wrestle with the mad dogs and
gangsters?

She turns and glares at me.
"Our friends are inside. You
told me we had to do
something. What do you
propose, sweetie?"

Sweat trickles down my back. I
feel the heat of the sun on us
and the weight of responsibility
on my skinny shoulders.

Yuki is in danger because of
me. I have to do something to
help her.

Y Hassan también es mi amigo.
O creo que es mi amigo.
—Voy a llamar a la policía —
digo al final—. Se lo contaré
todo al agente Víctor y nos
ayudará.

Saco mi teléfono móvil.

—¿Y qué vas a decir? ¿Que tu
amiga está invadiendo una
propiedad privada? No. Yo voy
a llamar a Fernando.

Pero antes de que pueda sacar
su móvil se oye un ruido detrás
del portón y casi me da un
ataque al corazón.

—La puerta peatonal —
murmura Valentina señalando
la pequeña puerta en el centro
del portón—. Creo que alguien
la ha abierto.

Dudo un momento hasta que
Valentina me empuja hacia la
puerta. Detrás de nosotros veo
a la gente tomando cafés y
cervezas en la plaza. Nadie nos
mira. Empujo la puerta pequeña
y se abre con un chirrido muy
ruidoso.

And Hassan is my friend as
well. Or I think he's my friend.
"I'm going to call the police," I
say finally. "I'll tell Agent
Víctor everything and he'll help
us."

I get out my mobile phone.

"And what are you going to
say? That your friend is
trespassing on private property?
No. I'm going to call
Fernando."
But before she can get the
phone out there's a noise behind
the gate and I almost have a
heart attack.

"The pedestrian door,"
Valentina murmurs, pointing to
the small door in the center of
the gate. I think someone has
opened it.

I hesitate for a moment until
Valentina pushes me towards
the door. Behind us I see
people drinking coffee and beer
in the square. Nobody looks at
us. I push the small door and it
opens with a very loud creak.

Entramos sigilosamente y
cerramos la puerta con cuidado.
El recinto es muy amplio.
Tiene forma de cuadrado, como
5   un monasterio.

Veo que hay campos de trigo
más allá de los muros. En la
entrada hay una zona de arena
10   roja que refleja el calor -quizás
un aparcamiento- donde hay
varias máquinas agrícolas de la
granja: un tractor cubierto de
polvo, un arado con sus dientes
15   mordiendo la tierra y los
esqueletos de otras máquinas
que no reconozco.

El coche verde no está, Yuki
20   tampoco.

En la distancia, los perros
siguen ladrando y me pregunto
si estarán sueltos. A la derecha
25   de la entrada hay una serie de
edificios antiguos y casi
abandonados.

La chimenea está situada a la
30   izquierda y al final de la
entrada hay una cancela.

We sneak inside and close the
door carefully. The compound
is very spacious. It is square-
shaped, like a monastery.

I see that there are wheat fields
beyond the walls. At the
entrance there is an area of red
sand that reflects the heat -
perhaps a parking lot - where
there are various agricultural
machines from the farm: a dust-
covered tractor, a plough with
its teeth biting into the earth
and the skeletons of other
machines that I do not
recognize.
The green car is not there, nor
is Yuki.

In the distance, the dogs are
still barking and I wonder if
they are loose. To the right of
the entrance is a series of old
and almost abandoned
buildings.

The chimney stack is located to
the left and at the end of the
entrance there is another gate.

Más allá, hay un patio y una
casa de dos pisos que es muy
bonita, aunque también vieja,
pero parece muy bien cuidada.

5

Alrededor de todo hay una
muralla alta de piedra que tiene
alambre de espino en lo alto.
«Muy acogedor», pienso con

10   sarcasmo.

Detrás de nosotros, suenan las
campanas de la iglesia. Tengo
la impresión de que alguien nos

15   mira desde la ventana de la
iglesia. «Quizás Jesús nos
vigila», pienso, cuando de
repente los ladridos de los
perros me distraen.

20

Siento el temor en mi
estómago.

—Mira —Valentina coge mi

25   brazo. Veo que Yuki está en el
patio, andando hacia la casa
como si fuera un ladrón. A un
lado de la casa hay un garaje
con una jaula dentro donde

30   están los perros.

—Vamos, entonces —digo a
Valentina, aliviado.

Beyond that, there is a
courtyard and a two-story
house that is very pretty,
though old, but it seems very
well looked after.
Around everything is a high
stone wall that has barbed wire
on top. *Very cozy*, I think
sarcastically.

Behind us, the church bells
ring. I get the impression that
someone is watching us from
the church window. *Maybe
Jesus is watching over us*, I
think, when suddenly the
barking dogs distract me.

I feel fear in my stomach.

"Look." Valentina grabs my
arm. I see that Yuki is on the
patio, walking towards the
house as if she were a thief. On
one side of the house there is a
garage with a cage inside where
the dogs are.

"Come on," I say to Valentina,
relieved.

En algún sitio, un gallo cacarea.
Nos movemos despacio y
sigilosamente, entre los muros
y las máquinas para que nadie
5   nos vea.

Nos acercamos a la cancela de
la casa y veo que dentro, el
patio tiene árboles frutales y
10 una fuente en el centro. Parece
la entrada de la hacienda de un
millonario. En contraste, los
edificios a la derecha están casi
abandonados.
15
En ese momento oigo una
puerta abriéndose y veo como
Yuki entra a la casa como una
flecha mientras los ladridos de
20 los perros se hacen más
intensos.

—Creo que viene alguien —me
dice Valentina—. Tenemos que
25 escondernos.

«Qué estamos haciendo aquí»,
me pregunto mientras
Valentina intenta abrir la puerta
30 de uno de los edificios
antiguos.

Somewhere, a rooster crows.
We move slowly and stealthily,
between the walls and the
machines so that nobody sees
us.

We approach the gate of the
house and I see that inside, the
patio has fruit trees and a
fountain in the center. It looks
like the entrance to a
millionaire's estate. In contrast,
the buildings to the right are
almost abandoned.

At that moment I hear a door
opening and I see Yuki darting
into the house while the
barking of the dogs becomes
more intense.

"I think someone's coming,"
Valentina tells me. "We have to
hide."

What are we doing here, I
wonder as Valentina tries to
open the door of one of the old
buildings.

—Nos van a descubrir —digo
con ansiedad en mi voz.
—Ven, podemos entrar por
aquí —me contesta.

5

Entramos en uno de los
edificios abandonados y,
cuando mis ojos se ajustan a la
oscuridad, veo que es algún
10 tipo de garaje. Pero los coches
adentro no son SEAT.

Tampoco son coches normales.
Todos son vehículos de lujo.
15 —¿Tiene Álvaro una empresa
de limusinas? —murmuro a
Valentina.

Niega con la cabeza y señala
20 que los coches no tienen
matrículas.

—Son robados, Sam. Creo que
se los vende a la mafia rusa.
25 La miro estupefacto otra vez,
preguntándome si me había
convertido en James Bond.
—¿La mafia rusa? ¿Cómo lo
sabes?
30 —En la región, todos lo
sabemos. Es un secreto a voces.
Venga, sígueme. Hay una
puerta allí.

"They're going to find us," I
say with anxiety in my voice.
"Come on, we can enter
through here," she answers.

We enter one of the abandoned
buildings, and as my eyes
adjust to the darkness, I see that
it's some kind of garage. But
the cars inside are not SEAT.

They are not normal cars either.
They are all luxury vehicles.
"Does Álvaro have a limousine
company?" I murmur to
Valentina.

She shakes her head and points
out that the cars don't have
license plates.

"They're stolen, Sam. I think he
sells them to the Russian
mafia."
I look at her in shock again,
wondering if she had turned me
into James Bond. "The Russian
mafia? How do you know?"
"In the region, everyone
knows. It is an open secret.
Follow me. There is a door
over there."

La sigo y, desde el garaje, pasamos a otra sala. Parece un salón, pero casi todo está cubierto de polvo. Hay un sofá y unas butacas en el centro. Están sucias.

En el centro de la sala hay una mesa, y a un lado hay unas estanterías con unos libros encima. Me acerco a las estanterías.

Hay fotos de gente que, a primera vista, no reconozco, excepto a Álvaro. En las fotos él está con varias personas: dos mayores (¿sus padres?), ¡el agente Víctor!, el cura… Parece que Álvaro tiene amigos en Toledo.

A pesar de estar sucio, el salón es luminoso. Hay ventanas grandes en los dos lados.

Me acerco a las ventanas y observo el resto del recinto. Veo que el coche verde está aparcado a la izquierda del patio. Miro la casa y los otros edificios. No hay nadie.

I follow her and, from the garage, we go into another room. It looks like a living room, but almost everything is covered in dust. There is a sofa and some armchairs in the center. They are dirty.

In the center of the room there is a table, and to one side there are some shelves with some books on top. I go over to the shelves.

There are photos of people I don't recognize at first, except Álvaro. In the photos he is with several people: two older men (his parents?), Agent Víctor!, the priest… Apparently, Álvaro does have friends in Toledo.

Despite being dirty, the room is bright. There are large windows on both sides.

I go the window and look at the rest of the compound. I see that the green car is parked to the left of the yard. I look at the house and the other buildings. There's no one there.

La verdad es que es un sitio
precioso. Puedo imaginar cómo
era el monasterio hace muchos
años.

5

No creo que los edificios hayan
cambiado mucho, excepto que
hay una piscina vacía en el
centro del patio.

10

Hay una manguera larga tirada
en el borde de la piscina. Me
pregunto si la van a llenar en
algún momento. Me pongo

15 enfrente de la ventana e
imagino tener una hacienda así.

«Podría pasar mis días
descansando al lado de la

20 piscina (que llenaría con agua
bien fresquita) y organizando
fiestas con amigos».

—Es bonito —dice Valentina

25 pensativa—. Me gustaría tener
una casa así, ¿sabes, Sam? En
el piso de abajo tendría el
comedor, la sala de estar y la
cocina, y en el de arriba, los

30 dormitorios.

La miro a los ojos intentando
averiguar lo que está pensando.

The truth is that it's a beautiful
place. I can imagine what the
monastery was like many years
ago.

I don't think the buildings have
changed much, except that
there is an empty swimming
pool in the centre of the
courtyard.
There is a long hose lying on
the edge of the pool. I wonder
if they will fill it at some point.
I stand in front of the window
and imagine having an estate
like this.

*I could spend my days lounging
by the pool (which I would fill
with cool water) and throwing
parties with friends.*

"It's pretty," Valentina says
thoughtfully. "I wish I had a
house like this, you know,
Sam? Downstairs I'd have the
dining room, living room, and
kitchen, and upstairs the
bedrooms."

I look into her eyes trying to
figure out what she's thinking.

—¿Te puedo decir una cosa rara, Sam?
Dudo un momento antes de contestar: —Claro…
5 —Tengo miedo… —Me coge la mano—, pero no me importa…

Entiendo lo que dice. Por un
10 lado, quiero salir de aquí y hablar con mi padre; por otro, estoy feliz de estar con ella. Antes de que pueda responder, Valentina me besa.
15
El beso me corta la respiración y todo mi cuerpo zumba con emoción. No lo puedo entender. «¿Estamos en peligro
20 y elige este momento para darme un beso? Pero no me voy a quejar…».

Cuando al final se retira, me
25 quedo sin palabras. Estoy feliz como una perdiz, pero soy consciente a la vez de que estamos en la casa de un gánster psicópata.
30
Mientras intento decir algo, se oye un fuerte golpe.

"Can I tell you something weird, Sam?"
I hesitate for a moment before answering: "Sure…"
"I'm scared…" She takes my hand, "but I don't care…"

I understand what she means. On the one hand, I want to get out of here and speak to my father; on the other, I'm happy to be with her. Before I can answer, Valentina kisses me.

The kiss takes my breath away and my entire body buzzes with excitement. I can't understand it. *We are in danger and she chooses this moment to kiss me? But I'm not going to complain…*

When she finally pulls away, I'm speechless. I'm happy as hell, but I'm also aware that we're in the house of a psycho gangster.

As I try to say something, there is a loud bang.

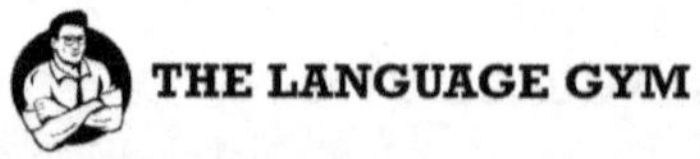

De repente, los perros vuelven
a ladrar afuera y escuchamos
pisadas en el piso de arriba. En
ese mismo momento llega otro
5 coche -un todoterreno- y de él
baja Álvaro con su hijo Iván
cargando su trompeta.

Tengo la impresión de que un
10 ejército acaba de lanzar un
ataque y ¡estamos en medio del
campo de batalla!

Suddenly the dogs start barking
again outside and we hear
footsteps upstairs. At that same
moment another car arrives - an
SUV - and Álvaro gets out of it
with his son Iván carrying his
trumpet.

I get the impression that an
army has just launched an
attack and we are in the middle
of the battlefield!

CHAPTER 5

Álvaro se enfada

—¡Tenemos que escondernos! —le digo a Valentina. No hay dónde esconderse en el salón, pero hay una puerta abierta al otro lado de la sala. Voy allí y encuentro una sala pequeña -un tipo de trastero- llena de muebles, cajas, libros y -por lo que veo- basura.

Valentina me sigue y nos escondemos detrás de unas cajas. Hay una ventana pequeña por la que podemos ver que Álvaro está en el patio.

Grita algo que no entiendo y abre la jaula donde los perros estaban ladrando. Reconozco a Kaká, el caniche de Iván, que saluda a su dueño con entusiasmo.

Los otros dos perros son pastores alemanes y no parecen nada simpáticos. Miran a Álvaro, que les da agua y les tira algo de comer.

Beben y comen, pero a la vez vigilan a su alrededor.

"We have to hide!" I say to Valentina. There is nowhere to hide in the living room, but there is an open door on the other side of the room. I go there and find a small room -a kind of storage room- full of furniture, boxes, books and - from what I can see- rubbish.

Valentina follows me and we hide behind some boxes. There is a small window through which we can see that Álvaro is on the patio.

He yells something I don't understand and opens the cage where the dogs were barking. I recognize Kaká, Iván's poodle, who greets his owner enthusiastically.

The other two dogs are German Shepherds and they don't seem friendly at all. They look at Álvaro, who gives them water and throws them something to eat.

They drink and eat, but at the same time they keep watch around them.

Tengo la impresión de que
estos perros saben que nosotros
estamos aquí.

5 Me doy cuenta de que estoy
respirando muy rápido. No
vamos a poder salir de aquí con
facilidad y no tengo ganas de
explicarle a Álvaro -o a sus
10 perros- por qué estamos en su
casa.

Valentina me coge el brazo. Al
principio, pienso que quiere
15 besarme otra vez, pero un
segundo más tarde, veo dos
figuras entrando en el salón.

Se me corta la respiración.
20 Un momento más tarde
reconozco el pelo largo y
ondulado de Hassan, y la
cabeza rapada de Fernando.
Pero antes de que pueda decidir
25 lo que hacer, salen al patio con
Álvaro.

Sin dudarlo, los perros se
ponen en alerta y vuelven a
30 ladrar.

Siento una angustia tremenda
en mi tripa.

I get the impression that the
dogs know that we are here.

I realize that I am breathing
very fast. We won't be able to
get out of here easily and I
don't feel like explaining to
Álvaro -or his dogs- why we
are in his house.

Valentina takes my arm. At
first, I think she wants to kiss
me again, but a second later, I
see two figures walking into the
room.

I can't breathe.
A moment later I recognize
Hassan's long, wavy hair, and
Fernando's shaved head. But
before I can decide what to do,
they go out to the patio with
Álvaro.

Without hesitation, the dogs go
on alert and bark again.

I feel tremendous anxiety in my
guts.

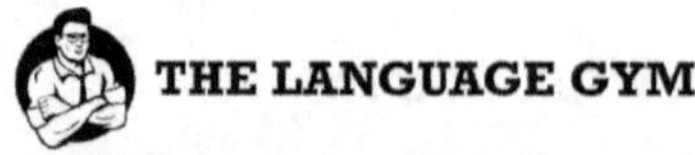

No sé si Hassan trabaja con
Álvaro y Fernando, o si está en
peligro. Cuidadosamente, abro
la ventana para oír bien.

5

—¿Qué haces tú aquí? —
pregunta Álvaro—. ¿Vienes a
buscar trabajo en la granja?
—No, jefe. Es que he dejado
10 unos papeles aquí. Ya se lo he
explicado a Fernando.

Álvaro se acerca a Hassan. Los
pastores alemanes gruñen y
15 miran a Hassan con furia en los
ojos. Kaká ladra como un loco.

—No puedes venir aquí cuando
quieras, ¿lo entiendes? —dice
20 Álvaro, silenciando a Kaká con
una mano.

—Sí, jefe. Pero no puedo hacer
nada sin mis papeles y estuve
25 en la comisaría hace unos días
para responder unas preguntas
de la policía…

—¿Qué preguntas? —pregunta
30 Álvaro con agresividad, con su
cara a unos centímetros de la
cara de Hassan.

I don't know if Hassan works
with Álvaro and Fernando, or if
he is in danger. Carefully, I
open the window to hear better.

"What are you doing here?"
asks Alvaro. "Are you coming
to look for work on the farm?"
"No, boss. It's just that I left
some papers here. I have
already explained it to
Fernando."
Álvaro approaches Hassan. The
German Shepherds growl and
look at Hassan with fury in
their eyes. Kaka barks like
crazy.
"You can't just come here
whenever you want, you
understand?" says Álvaro,
silencing Kaká with one hand.

"Yes Boss. But I can't do
anything without my papers
and I was at the police station a
few days ago to answer some
question for the police..."

"What questions?" Álvaro asks
aggressively, his face a few
centimeters from Hassan's.

—Nada. Alguien le robó el bolso a una turista rusa. Nada importante, jefe.

"It was nothing. Someone stole a Russian tourist's bag. Nothing important, boss."

5 Álvaro le mira muy de cerca. Mi camiseta está empapada de sudor. Después de un largo momento, Álvaro se gira y le dice a Iván:

Álvaro looks at him closely. My shirt is soaked with sweat. After a long moment, Álvaro turns around and says to Iván:

10 —Déjale recoger sus papeles, hijo. Y llévate a este perro tonto contigo.
—¿Voy con ellos? —pregunta Fernando, pero Álvaro niega
15 con la cabeza.
—Tú… Tú te quedas aquí.

"Let him get his papers, son. And take this idiot dog with you."
"Should I go with them?" Fernando asks, but Álvaro shakes his head.
"You… You stay here."

Valentina me mira con ojos grandes y entiendo por qué
20 inmediatamente.

Valentina looks at me with big eyes and I understand why immediately.

Los pastores alemanes se acercan a Fernando. Hago un esfuerzo para escuchar a los
25 dos hombres.
—Ayer fallaste tu misión, Fernando —dice Álvaro sacando un cigarrillo y encendiéndolo con un mechero
30 de plata—. Te dije que tenías que parar al *inglés* y casi matas al *español*… Ahora tenemos un buen lío que resolver.

The German shepherds approach Fernando. I make an effort to listen to the two men.

"You failed in your mission yesterday, Fernando," Álvaro says, taking out a cigarette and lighting it with a silver lighter. I told you that you had to stop the English boy and you almost killed the Spanish guy… Now we have a big mess to clear up."

Un escalofrío recorre mi
espalda. Oír la voz ronca de
Álvaro me hiela la sangre y,
aun peor, no entiendo muy bien
5   lo que dice.

Evidentemente, yo soy «el
inglés» y quiere hacerme daño,
pero «¿por qué quiere
10 *pararme?*».

Mientras intento digerir todo lo
que ha dicho, oigo que
Valentina respira asustada.
15

En el patio veo que Álvaro le
ha pegado a Fernando, y ahora
Fernando está en el suelo
mirando hacia arriba al gánster
20 con las manos protegiendo su
cara.

—¡Patrón! —suplica
Fernando—, ¡No voy a fallar
25 más! Entiendo que este guiri
pone en peligro nuestras
operaciones. ¡Voy a
solucionarlo todo, se lo juro!

30 Álvaro da una calada al
cigarrillo y dice: —No creo que
entiendas nada, hijo.

A chill runs down my spine.
Hearing Álvaro's rough voice
chills my blood and, even
worse, I don't quite understand
what he's saying.

Obviously, I am *the English
boy* and he wants to hurt me,
but *why does he want to 'stop
me'?*

While I try to digest everything
he's said, I hear the fear in
Valentina's breathing.

On the patio I see that Álvaro
has hit Fernando, and now
Fernando is on the ground
looking up at the gangster with
his hands protecting his face.

"Boss!" Fernando pleads, "I
won't fail again! I understand
that this foreigner puts our
operations at risk. I'm going to
fix everything, I swear!"

Álvaro puffs on his cigarette
and says: "I don't think you
understand anything, son."

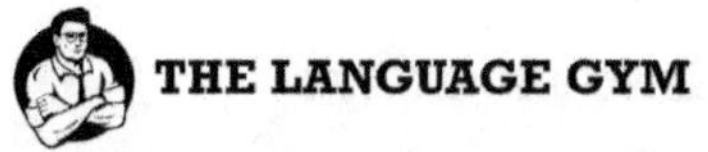

Si el guiri se da cuenta de su
propia identidad, no sólo va a
arruinar nuestras operaciones
especiales, sino que también
5 vamos a ir de cabeza a la
cárcel. ¡Maldita sea! ¿Sabes?

Álvaro se agacha levantando el
puño otra vez y le da un golpe
10 feroz a Fernando, que gime en
el patio.

Valentina suelta un aullido y
por un instante pienso que
15 Álvaro va a oírla. Pero con los
perros ladrando y Fernando
suplicando clemencia, el
gánster no oye nada.

20 —Vete al granero —ordena
Álvaro.
—Pero, patrón, por favor —
suplica Fernando—. No voy a
fallar más.
25 —Al granero. *¡Ahora!* —repite
Álvaro tirando su cigarrillo al
suelo.

Miramos con horror mientras
30 Álvaro arrastra a Fernando
hacia el granero.

If that damn foreigner finds out
his own identity, he's not only
going to screw up our special
ops, but we're also going to go
straight to jail. Damn it! You
know that?

Álvaro bends over, raising his
fist again and gives a ferocious
blow to Fernando, who is
moaning on the patio.

Valentina lets out a howl and
for a moment I think Álvaro is
going to hear her. But with the
dogs barking and Fernando
begging for mercy, the gangster
doesn't hear anything.

"Go to the barn," orders
Álvaro.
"But, boss, please," Fernando
pleads. "I won't fail again."

"To the barn. *Now!*" Álvaro
repeats, throwing his cigarette
to the ground.

We watch in horror as Álvaro
drags Fernando towards the
barn.

No sé lo que va a hacer con él -
en verdad, ni siquiera sé qué es
el granero-, pero no creo que
sea buena cosa.

I don't know what he's going to
do with him -in truth, I don't
even know what the barn is-but
I don't think it's a good thing.

5

Valentina se levanta y empuja
la puerta para ir a ayudar a su
hermano, pero consigo pararla
a tiempo.

Valentina gets up and pushes
the door to go and help her
brother, but I manage to stop
her in time.

10

—¡Suéltame! —me dice entre
dientes. Me mira como un gato
furioso, pero no la suelto.

"Let me go!" she says through
gritted teeth. She looks at me
like an angry cat, but I don't let
go.

15 —¡Valentina! Tienes razón:
tenemos que hacer algo para
ayudar a tu hermano. Pero no
vamos a hacer nada si nos
matan.

"Valentina! You're right: we
have to do something to help
your brother. But we're not
going to achieve anything if
they kill us."

20

Es la verdad: no importa que
Fernando sea un delincuente, ni
que nos atacara a mi tío y a mí
anoche.

It's true: it doesn't matter that
Fernando is a criminal, or that
he attacked my uncle and me
last night.

25

Es alguien importante para
Valentina, así que es alguien
importante para mí.

He is someone important to
Valentina, so he is someone
important to me.

30 Salimos de la sala y pasamos
por un estrecho pasillo que
lleva al almacén grande detrás
de la casa.

We leave the room and go
through a narrow corridor that
leads to the large warehouse
behind the house.

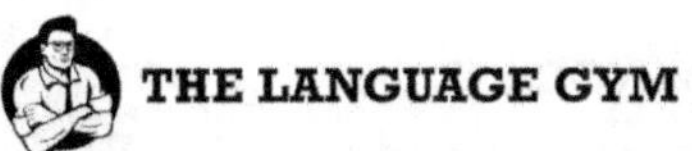

Debe ser el granero porque puedo oír las súplicas desesperadas de Fernando, y la voz ronca y amenazante de
5 Álvaro.

No sé lo que dicen, pero Álvaro está rabioso.

10 Miro a Valentina y ella me mira a mí. «¿Qué hacemos? ¿Cómo podemos salvar a Fernando?».

15 De repente me acuerdo de que no sabemos dónde está Yuki.

«¡Menudo lío!».

20 En ese momento la puerta del granero se abre. Valentina y yo nos pegamos contra la pared del pasillo y vemos a Álvaro cerrando la puerta detrás de él.
25
—Voy a por mi arma… — murmura entre dientes—. Os voy a enterrar a todos.

It must be the barn because I can hear Fernando's desperate pleas, and Álvaro's hoarse and threatening voice.

I don't know what they're saying, but Álvaro is furious.

I look at Valentina and she looks at me. *What do we do? How can we rescue Fernando?*

I suddenly remember that we don't know where Yuki is.

What a mess!

At that moment the barn door opens. Valentina and I press against the hallway wall and see Álvaro closing the door behind him.

"I'm going to get my gun…" he mutters under his breath. "I'm going to bury you all."

CHAPTER 6

Un hallazgo horripilante

Álvaro pasa sin vernos y entra
en la casa. Sin pensar, abro la
puerta del granero. Valentina
me sigue. El espacio es amplio
5 y los techos muy altos.

Hay varias máquinas y muebles
viejos de madera. No veo
ninguna ventana, así que la
10 iluminación es bastante mala.
Solamente hay una puerta, por
la cual hemos entrado.

Nos acercamos deprisa a
15 Fernando y nos mira como si
fuéramos fantasmas en un
sueño. Tiene las manos atadas
con una brida.
—Pe-Pe-Pero ¿qué estás
20 haciendo aquí, hermana…?
—Te podría preguntar lo
mismo, Fernando —dice su
hermana, su voz más fría que el
hielo.
25

Saca una navaja y libera a su
hermano.
—Venga. Tienes que venir con
nosotros antes de que tu *patrón*
30 vuelva para matarnos a todos
—le digo respirando fuerte.

Álvaro goes by without seeing
us and goes into the house.
Without thinking, I open the
barn door. Valentina follows
me in. The place is large and
the ceilings are very high.
There are several machines and
old wooden furniture. I don't
see any windows, so the
lighting is pretty bad. There is
only one door, through which
we entered.

We quickly approach Fernando
and he looks at us as if we were
ghosts in a dream. His hands
are tied with a zip tie.

"B-B-But what are you doing
here, sis…?"
"I could ask you the same
thing, Fernando," says his
sister, her voice colder than ice.

She pulls out a knife and frees
her brother.
"Come on. You have to come
with us before your *boss* comes
back to kill us all," I tell him,
breathing hard.

Fernando se levanta
trabajosamente. Tiene sangre
en la cara. Nos mira con
confusión en sus ojos.
5   Claramente está sorprendido de
ver a su hermana con «el
inglés».
—No hay tiempo para
explicaciones, Fer. —dice
10 Valentina—. ¡Vámonos!

Abro la puerta y veo que Iván y
Kaká están allí, en el patio.
Tenemos que salir de La
15 Almazara, pero no podemos
utilizar el portón. No conozco
otra salida… Intento pensar en
una solución, pero en un abrir y
cerrar de ojos, Álvaro aparece
20 en el callejón entre los
edificios, furioso como un
volcán en erupción.
Está con Hassan, que tiene algo
en la mano. Está gritando y
25 señalando el granero con su
arma. Quiero irme a casa.
Me pregunto si la policía va a
venir si Álvaro dispara, pero
me acuerdo de que,
30 desafortunadamente, aquí en el
campo hay muchos cazadores,
así que el ruido de tiros no es
algo raro en esta zona.

Fernando stands up with some
effort. He has blood on his
face. He looks at us with
confusion in his eyes.
Clearly, he is surprised to see
his sister with *the English boy*.

"There is no time for
explanations, Fer," says
Valentina. "Let's get out of
here!"
I open the door and see that
Iván and Kaká are there, in the
courtyard. We have to leave *La
Almazara*, but we cannot use
the gate. I don't know any other
way out… I try to think of a
solution, but in the blink of an
eye, Álvaro appears in the alley
between the buildings, furious
like an erupting volcano.

He is with Hassan, who has
something in his hand. He is
yelling and pointing his gun at
the barn. I want to go home.
I wonder if the police are going
to come if Álvaro shoots, but I
remember that, unfortunately,
there are a lot of hunters here in
the countryside, so the sound of
gunshots is not uncommon in
this area.

Saco mi teléfono para llamar a la policía… ¡No tengo cobertura!

I take out my phone to call the police… I don't have any signal!

5 «Nos va a matar, seguro», decido. Miro la cara asustada de Fernando y me doy cuenta de que él está pensando lo mismo.

He's going to kill us for sure, I decide. I look at Fernando's scared face and realize that he is thinking the same thing.

10

Sigo sudando. Estoy jadeando como un perro y Álvaro viene hacia nosotros con su arma. Valentina está a punto de llorar;
15 su hermano Fernando, confundido y perdido.
—¡No os rindáis! —dice Valentina, con voz desesperada—. ¡Vamos a salir
20 de aquí!

I continue sweating. I'm panting like a dog and Álvaro comes at us with his gun. Valentina is about to cry; her brother Fernando is confused and lost.
"Don't give up!" Valentina says, her voice desperate. "We'll get out of here!"

Miro a Valentina y siento que de nuevo mi corazón late fuerte. Me siento abrumado por
25 un intenso sentimiento de miedo y amor al mismo tiempo. Estoy en la peor situación con la mejor persona.

I look at Valentina and feel my heart pounding again. I am overwhelmed by an intense feeling of fear and love at the same time. I'm in the worst situation with the best person.

30 Tengo miedo de lo que nos vaya a hacer Álvaro, pero las ganas de salir vivo con Valentina me dan valor.

I'm afraid of what Álvaro is going to do to us, but the desire to get out alive with Valentina gives me courage.

Decido que vamos a salir de
aquí, sí o sí.

Mis ojos se han acostumbrado a
5   la oscuridad y veo que hay una
puerta al otro lado del granero.

Probablemente da a los campos
secos de Castilla La Mancha.
10 Corro hacia esa puerta, pero
mientras estoy intentando
abrirla, Valentina me llama en
voz baja:
—Sam, no te muevas…
15 —¿Qué pasa? —le digo, pero
en ese momento oigo gruñidos.

Muy despacio me giro y veo
que los pastores alemanes nos
20 han encontrado. Me miran con
ojos oscuros, enseñando los
dientes.
—Hola perritos —les digo
nerviosamente—. ¿Somos
25 amigos? Tengo que salir de
aquí… —Y me acerco a la
puerta donde Valentina me
espera con su hermano.

30 Casi he llegado cuando los
perros se ponen a ladrar como
locos otra vez.

I decide that we are going to
get out of here, one way or
another.
My eyes have adjusted to the
dark and I see that there is a
door on the other side of the
barn.
It probably overlooks the dry
fields of Castilla La Mancha. I
run towards that door, but
while I'm trying to open it,
Valentina calls me in a low
voice. "Sam, don't move…"

"What is it?" I say to her, but at
that moment, I hear growling.

Very slowly I turn and see that
the German shepherds have
found us. They look at me with
dark eyes, baring their teeth.

"Hello doggies," I say
nervously. "Are we friends? I
have to get out of here…" And
I move towards the door where
Valentina is waiting for me
with her brother.

I'm almost there when the dogs
start barking like crazy again.

Un instante después, Álvaro entra por la puerta del granero, con un arma en la mano. Está fumando otro cigarrillo.	A moment later, Álvaro walks through the barn door, gun in hand. He is smoking another cigarette.
5 Me pregunto si entiende los riesgos de fumar. Empuja a Hassan hacia nosotros.	I wonder if he understands the risks of smoking. He pushes Hassan towards us.
—Este estaba metiendo las narices en la oficina. Se va a 10 quedar contigo —dice Álvaro en una nube de humo. No puedo moverme de miedo.	"This one was sticking his nose in the office. He's going to stay with you," Álvaro says in a puff of smoke. I am frozen by fear.
De repente, nos ve en la oscuridad y sacude la cabeza.	Suddenly, he sees us in the dark and shakes his head.
15 Se ve la tensión y la furia en su cara.	You can see the fury and tension in his face.
—¿Más visitas? ¿Qué? ¿Creéis que esto es un albergue juvenil? 20 ¿No? Pues, ¿por qué habéis venido aquí, chicos? ¿Sabéis que habría sido mucho más fácil para todos si os hubierais quedado fuera? ¡*Fuera*, inglés! 25 ¡Mejor fuera! —me grita como si yo fuera idiota—. Pero ahora tengo que deshacerme de vosotros.	"More visitors? What? Do you think this is a youth hostel? No, well, why have you guys come here? Do you know that it would have been much easier for everyone if you had stayed away? *Away*, English boy! Better off away!" he yells at me like I'm an idiot. "But now I have to get rid of you."
30 Levanta su arma y pienso que va a disparar. Salto delante de Valentina para protegerla y cierro los ojos.	He raises his gun and I think he's going to shoot. I jump in front of Valentina to protect her and close my eyes.

Álvaro se empieza a reír.
—¿Crees que eres un valiente
caballero, guiri? No lo eres.
Todo este lío es *tu* culpa.
5   Estaba haciendo mis
operaciones tranquilamente
hasta que tú escribiste esa
carta…
—¿Carta? —le pregunto sin
10 pensar.
—¡Jajaja! —Se ríe otra vez—.
Tú sabes bien de lo que hablo.
Llevo mucho tiempo en La
Almazara. Nunca he tenido
15 problemas ni con la policía, ni
con los vecinos. Me respetan y
me dejan en paz. Pero de
repente un inglés llegó
haciendo preguntas que ponían
20 mis planes en riesgo.

Se va hacia una esquina del
granero donde hay unos
montones de tierra y lo que
25 parece un agujero.

—¿Ves dónde acaban mis
enemigos, hijo? —dice Álvaro
señalando los montones de
30 tierra con el arma.
«¿Hay *tumbas* aquí en La
Almazara? No puede ser. ¡Este
hombre es un asesino!».

Álvaro starts laughing.
"Do you think you are a brave
knight, foreigner? You aren't.
This whole mess is *your* fault. I
was quietly doing my business
until you wrote that letter..."

"Letter?" I ask without
thinking.
"Haha!", he laughs again. "You
know very well what I'm
talking about. I have been in *La
Almazara* for a long time. I
have never had any problems
with the police or the
neighbours. They respect me
and leave in peace. But
suddenly an Englishman arrives
asking questions that put my
plans in jeopardy."
He goes to a corner of the barn
where there are some piles of
dirt and what looks like a hole.

"See where my enemies end
up, son?" Álvaro says, pointing
to the dirt piles with his gun.

*Are there graves here in 'La
Almazara'? It's not possible..
This man is a murderer!*

—¿Sabes para quién es el último agujero, hijo? —me pregunta, apuntando el arma a mi cara.

5 —¿Para tu conciencia? —contesto.

Ahora soy yo el que está enfadado. Parece que he

10 interrumpido sus operaciones. Y puedo entender por qué quiere hacerme daño, pero mis amigos no tienen *nada* que ver con La Almazara ni con las

15 operaciones ilegales de Álvaro.

—Gracioso, hijo. Muy gracioso. Puedes hacer más chistes mientras cavas otro

20 agujero. Parece que vamos a necesitar —dice mientras señala y cuenta con su arma—, uno, dos, tres más. Vale —nos dice—, ¿quién va primero?

25

Álvaro nos mira con ojos oscuros. «¿Dónde está su alma?».

30 —¿Nadie? Pues, voy a empezar con el moro —Coge a Hassan por el cuello y le empuja hacia el agujero.

"Do you know who the last hole is for, son?" he asks me, pointing the gun at my face.

"For your conscience?" I reply.

Now I'm the one who's angry. So, it seems that I have interrupted their business dealings. And I can understand why he wants to hurt me, but my friends have *nothing* to do with *La Almazara* or Álvaro's illegal operations.

"Funny, son. Very funny. You can make more jokes while you dig another hole. Looks like we're going to need," he says as he points and counts with his gun, "one, two, three more. Okay, he tells us, who goes first?"

Álvaro looks at us with dark eyes. *Where is his soul?*

"No one? Well, I'll start with the Moor." He grabs Hassan by the neck and pushes him into the hole.

Álvaro saca las bridas de su
bolsillo. Hassan se cae y nos
mira a Valentina y a mí con
terror en los ojos. No entiendo
5 por qué está aquí, pero siento
lástima por él.
—Por favor, señor. No he
hecho nada contra usted. Solo
quiero irme a casa. No voy a
10 decir nada a nadie.

Mientras veo la situación
delante de mí, oigo algo, como
un pitido, pero probablemente
15 esté en mi cabeza. Al mismo
tiempo, parece que la chaqueta
de Hassan se mueve sola. Me
duelen los ojos y los oídos, y el
pitido se hace atronador. Creo
20 que estoy perdiendo la
cabeza…

Álvaro apunta el arma hacia
Hassan y sonríe. No puedo
25 creer que vaya a disparar, pero
sé que tengo que hacer algo.

De pronto veo la cara pequeña
de Raúl, la rata de Hassan. Está
30 saliendo de la chaqueta. Álvaro
duda y baja el arma
ligeramente.

Álvaro takes the zip ties out of
his pocket. Hassan falls and
looks at Valentina and me with
terror in his eyes. I don't
understand why he's here, but I
feel bad for him.
"Please sir. I haven't done
anything against you. I just
want to go home. I'm not going
to say anything to anyone."

As I watch the scene in front of
me, I hear something like a
whistle, but it's probably in my
head. At the same time,
Hassan's jacket appears to
move by itself. My eyes and
ears are hurting, and the
beeping becomes thunderous. I
think I'm losing my mind...

Álvaro points the gun at Hassan
and smiles. I can't believe he's
going to shoot, but I know I
have to do something.

Suddenly I see the little face of
Raúl, Hassan's rat. He is
coming out of the jacket.
Álvaro hesitates and lowers the
gun slightly.

En ese momento, Raúl sale y nos mira a todos. Tengo la impresión de que Álvaro se ha desorientado al ver una rata
5 salir de la chaqueta de Hassan.

—Creo que tiene hambre —dice Hassan, sentado con impotencia en el suelo sucio.
10 Álvaro mira la rata y la rata mira a Álvaro. Levanta su arma y dice: —Odio las ratas —pero antes de que pueda disparar, Raúl corre como una bala hacia
15 Álvaro y sube por la pernera de su pantalón.

Horrorizado, el gánster deja caer su arma y se pone a chillar
20 como un niño pequeño. Los pastores alemanes salen por la puerta sin hacernos nada. Se van corriendo despavoridos. No sé qué les pasa.
25

En un momento de lucidez, le cojo la mano a Valentina y les grito a Hassan y a Fernando: —Vámonos, chicos. ¡Vámonos
30 ahora mismo!

At that moment, Raúl comes out and looks at all of us. I get the impression that Álvaro was disoriented when he saw a rat coming out of Hassan's jacket.

"I think he's hungry," Hassan says, sitting helplessly on the dirty floor.
Álvaro looks at the rat and the rat looks at Álvaro. He raises his gun and says, "I hate rats," but before he can fire, Raúl shoots over to Álvaro and up his trouser leg.

Horrified, the gangster drops his gun and begins to squeal like a little kid. The German shepherds run out of the door without doing anything to us. They run away terrified. I don't know what's up with them.

In a moment of lucidity, I grab Valentina's hand and shout to Hassan and Fernando, "Let's go, guys. Let's get out of here right now!"

Fernando da una patada al arma
que desaparece en la oscuridad,
y dejamos a Álvaro gritando y
luchando con la rata en el
5 granero.
Salimos corriendo por la puerta
principal.
—No podemos salir por el
portón —dice Fernando—.
10 Estará cerrado con llave, pero
creo que podemos salir
cruzando campo a través.
¿Dónde ha ido Iván?

15 Le miro con los ojos
entrecerrados y le digo:
 —No confío en ti, Fernando.
Me atacaste ayer, pero *fallaste*
en tu misión.
20

Me mira y asiente:
—He cometido muchos errores
en mi vida, Sam, pero no
quiero morir aquí hoy. Conozco
25 a Álvaro y está totalmente loco.
Por favor, sígueme.
—¿Y Yuki? No podemos salir
sin ella —dice Valentina
parando al final del granero.
30 —Ha salido sola, me parece —
dice Hassan—. Y vamos a
llamar a la policía en cuanto
salgamos de aquí.

Fernando kicks the gun which
disappears into the darkness,
and we leave Álvaro screaming
and fighting with the rat in the
barn.
We run out the front door.

“We can't leave through the
gate,” says Fernando.
“It will be locked, but I think
we can get out across the fields.
Where has Ivan gone?”

I look at him through half-
closed eyes and tell him, “I
don't trust you, Fernando. You
attacked me yesterday, but you
failed in your mission.”

He looks at me and nods. “I've
made a lot of mistakes in my
life, Sam, but I don't want to
die here today. I know Álvaro
and he is totally nuts. Please
follow me.”
“And Yuki? We can't go out
without her,” Valentina says,
stopping at the end of the barn.
“I think she left on her own,”
Hassan says. “And we're going
to call the police as soon as we
get out of here.”

Detrás de nosotros suena un tiro y sé que Raúl, la rata de Hassan, ha muerto para salvarnos.

Behind us a shot rings out and I know that Raúl, Hassan's rat, has died to save us.

CHAPTER 7

El incendio

Seguimos a Fernando detrás del granero. Corremos sin mirar atrás por un campo de trigo, que parece un mar amarillo sin

5 fin. El trigo seco cruje bajo nuestros pies. Hay muchas rocas y casi me caigo varias veces.

10 Me siento mal por Hassan. Su mascota ha sido muy valiente intentando salvarnos, pero ahora está muerta.

15 Llegamos a un muro que es más bajo que los de la entrada de La Almazara y no tiene alambre de espino en lo alto. Nos lanzamos por encima del

20 muro y, uno a uno, aterrizamos en un campo de trigo muy alto y muy seco. El sol nos quema la espalda.

25 Nadie habla y solo oigo la respiración trabajosa de mis amigos. Quiero saber si Álvaro nos ha visto, así que me estiro un poco para mirar hacia el

30 granero.

We follow Fernando behind the barn. We run without looking back through a wheat field, which seems like an endless yellow sea. Dry wheat crunches under our feet. There are many rocks and I almost fall several times.

I feel sorry for Hassan. His pet has been very brave trying to save us, but now he's dead.

We come to a wall that is lower than the ones at the entrance to *La Almazara* and does not have barbed wire on top. We launch ourselves over the wall and, one by one, we land in a field of very high and very dry wheat. The sun burns our backs.

No one speaks and I only hear the labored breathing of my friends. I want to know if Álvaro has seen us, so I stretch a little to look towards the barn.

En la distancia veo a Álvaro
vigilando, pero no tiene su
arma. Se acerca a nosotros,
pero no nos ve.

5

—¿Queréis jugar al escondite?
—grita Álvaro y se acerca un
poco más. Me ve. Lo miro y me
quedo helado de miedo.

10

Evidentemente quiere
matarnos. No puedo imaginar
cómo vamos a salir del campo
de trigo con vida. Álvaro me
15 mira directamente a los ojos.

Durante un eterno momento,
fijamos la mirada el uno en el
otro. Me sonríe con maldad y
20 saca algo de su bolsillo. Al
principio no veo lo que es.
¿Otra arma, a lo mejor? Pero un
instante después reconozco su
mechero de plata y sé
25 exactamente lo que va a hacer.

—Época de incendios, ¿no? —
le digo a Valentina sin aliento.
—Sí. A causa del
30 calentamiento global. Es un
problema importante aquí cada
año,— Valentina tiene barro en
su cara—. ¿Por qué?

In the distance I see Álvaro
watching, but he doesn't have
his gun. He moves towards us,
but he doesn't see us.

"You want to play hide and
seek?" Álvaro yells and gets a
little closer. He sees me. I look
at him and freeze with terror.

He clearly wants to kill us. I
can't imagine how we're going
to get out of the wheat field
alive. Álvaro looks me directly
in the eye.

For an endless moment, we
stare at each other. He smirks at
me and pulls something out of
his pocket. At first I don't see
what it is. Another weapon,
perhaps? But an instant later I
recognize his silver lighter and
I know exactly what he's going
to do.

"Wildfire season, isn't it?" I
say to Valentina breathlessly.
"Yes. Due to global warming.
It's a major problem here every
year," Valentina has mud on
her face. "Why?"

Me levanto otra vez y Álvaro
mira directamente hacia
nosotros.
—Va a provocar un incendio.
5 ¿Hay una vía de acceso a esta
finca? Tenemos que alejarnos
de estos pastos secos.

Fernando nos dice: —Las
10 calles están lejos. Nos llevará
diez minutos salir de aquí y el
campo se quemará en
segundos.

15 Intento controlar mi
respiración.

El latido de mi corazón suena
como una batería de rock en
20 mis oídos.
Oímos los gritos trastornados
de Álvaro.

—Salid de ahí, chicos —
25 grita—. Os voy a quemar a
todos en diez segundos.

Valentina coge mi brazo y con
pánico en su voz, murmura: —
30 Tenemos que hacer lo que dice.
¡Nos va a quemar!
—Diez —grita Álvaro—,
nueve, ocho…

I stand up again and Álvaro
looks directly at us.

"He's going to start a fire. Is
there an access road to this
farm? We have to get away
from this dry pasture."

Fernando says to us, "The
streets are too far. It'll take us
ten minutes to get out of here
and the field will burn in
seconds."

I try to control my breathing.

My heartbeat sounds like a rock
drum in my ears.

We hear Álvaro's deranged
screams.

"Get out of there, kids," he
yells. "I'm going to burn you all
in ten seconds."

Valentina grabs my arm and
with panic in her voice, she
murmurs, "We have to do what
he says. He's going to burn us!"
"Ten," Álvaro shouts, "nine,
eight..."

—¡No, hermana! —interrumpe
Fernando—. Nos va a matar si
salimos de aquí. Hay una
chabola de piedra al otro lado
5 del campo, allí —señala con
una mano temblorosa—. Es
nuestra única opción…
—Siete, seis…

10 Veo la chabola, pero sé que
está demasiado lejos. No vamos
a llegar a tiempo. Siento mi
cuerpo sin energía, sin fuerza.
Estoy agotado. Me levanto con
15 una pizca de esperanza en mi
corazón.

—Cinco, cuatro, tres, dos, uno
—Me mira y se ríe a
20 carcajadas—. Se acabó el
tiempo, chicos.

De repente se hace un silencio
sepulcral. Detrás de Álvaro se
25 ve a una figura moverse.

«¿Quién es? ¿El ángel de la
muerte que viene a por nuestras
almas?».
30

"No sis!" Fernando interrupts.
"He's going to kill us if we
leave here. There's a stone
shack on the other side of the
field, there," he points with a
shaking hand. "It's our only
option..."
"Seven six…"

I see the shack, but I know it's
too far. We're not going to
make it in time. I feel my body
devoid of energy, without any
strength. I'm exhaused. I get up
up with a shred of hope in my
heart.

"Five, four, three, two, one.
He looks at me and laughs out
loud. "Time's up, kids."

Suddenly there is a deathly
silence. Behind Álvaro a figure
moves.

*Who is it? The angel of death
coming for our souls?*

Álvaro se arrodilla y enciende
la paja seca que empieza a
quemarse con una facilidad
increíble.

5 «De verdad está pasando»,
pienso hipnotizado mientras las
llamas bailan con el viento.

La figura detrás de Álvaro lleva

10 algo: «¿Una cuerda o una
serpiente? ¿Tal vez ya estoy
muerto y nada es real?», me
pregunto. Y un instante después
veo que la figura es Yuki, y que

15 lo que lleva es la manguera que
estaba en la piscina.

Yuki llama a alguien y el agua
comienza a chorrear hacia

20 Álvaro. El gánster se gira, pero
el agua le empuja. Yuki le
sigue apuntando con la
manguera y, sorprendido y
desorientado, Álvaro se cae en

25 el barro.

—Venga, chicos. Tenemos que
ayudar —grito y nos
levantamos todos a la vez.

30 Cuando llegamos, Álvaro está
de rodillas, pero Fernando se
pone encima de él y ata sus
manos con una brida.

Álvaro kneels down and lights
the dry straw which starts to
catch fire with incredible ease.

It's really happening, I think
mesmerized as the flames
dance in the wind.

The figure behind Álvaro is
carrying something. *A rope or
a snake? Maybe I'm already
dead and nothing is real?* I
wonder. And a moment later I
see that the figure is Yuki, and
what she is carrying is the hose
that was in the pool.

Yuki calls out to someone and
the water begins to spurt out
towards Álvaro. The gangster
turns, but the water pushes him.
Yuki continues to point the
hose at him and, surprised and
disoriented, Álvaro falls into
the mud.

"Come on guys. We have to
help," I yell, and we all jump
up at once.
When we arrive, Álvaro is on
his knees, but Fernando gets on
top of him and ties his hands
with a zip tie.

Yuki intenta apagar el fuego
con la manguera. El terreno
calcinado humea.
—Venga, chicos —dice
5 Yuki—. Vamos hacia el portón.

Dejamos a Álvaro en el barro,
gritando palabrotas, y nos
dirigimos hacia la entrada del
10 recinto.
Cuando llegamos al portón,
intento abrir la puerta peatonal,
pero está cerrada con llave.
—¡Parece que nuestros
15 problemas nunca terminarán!
—le digo a Valentina, cansado
y frustrado. «No sé si reír o
llorar».
—No te preocupes —
20 interrumpe Yuki—. Mi amigo
nos ayudará. Nos giramos y
veo que Iván está en el patio a
unos veinte metros de nosotros.

25 Los perros están en la jaula otra
vez y nos miran con interés. Me
mareo al verle, pensando que
Iván iba a liberar a su padre y
que nos iban a atacar otra vez.
30
Para nuestra sorpresa, Iván
solamente levanta la mano y
aprieta el botón de su mando.

Yuki tries to put out the fire
with the hose. The charred
ground smoulders.

"Come on guys," says Yuki.
"Let's get to the gate."
We leave Álvaro in the mud,
cursing us, and head towards
the entrance of the compound.

When we reach the gate, I try
to open the pedestrian gate, but
it's locked.

"It seems our troubles will
never end!" I say to Valentina,
tired and frustrated. *I don't
know whether to laugh or cry.*
"Don't worry," Yuki interrupts.
"My friend will help us." We
turn around and I see that Iván
is in the courtyard about twenty
meters from us.

The dogs are in their cage
again, looking at us with
interest. I feel dizzy looking at
him, thinking that Iván was
going to free his father and that
they were going to attack us
again. To our surprise, Iván just
raises his hand and presses the
button on his remote.

Inmediatamente, el portón comienza a abrirse y salimos a la calle. Hassan y yo cruzamos las miradas… «¿Qué hacía con Álvaro?» me pregunto, pero le veo triste por perder a su mascota así que no digo nada…

Una vez en la calle, a nuestra espalda, oímos el chirrido que hace el portón mientras se cierra y, justo antes de cerrarse del todo, veo por el rabillo del ojo como algo sale. Parece un gato, pero cuando me giro, me doy cuenta de que es una pequeña rata. Su pelaje está carbonizado y le falta un trozo de cola.

—No puede ser… —le digo a Hassan—. ¡No puede ser!

La rata corre hacia Hassan y salta en sus brazos. Hassan, sorprendido, casi se cae de espaldas. Me acerco a él y miro a la heróica rata que nos salvó a todos. —Dicen que las ratas son los animales más inteligentes —digo.

—Tienen razón. —contesta.

Immediately, the gate starts to open and we go out into the street. Hassan and I exchange glances… *What was he doing with Álvaro?* I wonder, but I see he's sad after losing his pet so I don't say anything...

Once out in the steet, behind us we hear the squeaking of the gate closing and, just before it shuts, out of the corner of my eye, I see something come out at the last minute. I think it's a cat, but when I turn, I see that it's small rat. His fur is charred and he's missing a piece of his tail.

"It can't be" I say to Hassan. "It can't be!"

The rat runs towards Hassan and jumps in his arms. A surprised Hassan almost falls backwards. I walk over to them and look at the rat hero who saved us all. "They say rats are the most intelligent animals," I say.

"They're right," he answers.

Fernando, Yuki y Valentina
vienen a saludar a Raúl, la rata.

Miro con recelo a Fernando…
5 Debería estar enfadado con él
también por lo que hizo ayer
por la noche… pero de eso ya
hablaremos luego.

10 Y Valentina… Me besó en La
Almazara… ¿quiere estar
conmigo o lo hizo confundida
por el miedo?

15 Lo importante ahora es que
estamos vivos. Acaricio a Raúl.
Huele a pólvora. Pero estamos
todos vivos y, la verdad, me
siento más aliviado que nunca.
20

Veo el coche de Valentina en la
distancia.
—Tenemos que salir de aquí
pitando.
25

Ya en la calle nos miramos y,
después de un instante, nos
reímos con alivio e
incredulidad.
30

No entiendo cómo hemos
salido de La Almazara vivos…

Fernando and Valentina come
to greet Raúl, the rat.

Warily, I look at Fernando... I
should be angry with him too
for what he did last night... but
we'll talk about that later.

And Valentina... She kissed me
in *La Almazara*... does she
want to be with me, or did she
do it confused by fear'?

The important thing now is that
we are alive. I stroke Raúl. He
smells of gunpowder. But
we're *all* alive and, honestly, I
feel more relieved than ever.

I see Valentina's car in the
distance.
"We have to get out of here
whistling." *(dash off).

On the street we look at each
other and, after a moment, we
laugh with relief and disbelief.

I don't understand how we got
out of *La Almazara* alive.

Estamos vivos, pero tengo la inquietante sensación de que Álvaro va a salir en cualquier momento, sediento de
5 revancha.

Valentina, Hassan y Raúl suben al coche, pero Yuki saca un papel de su bolsillo y me lo da.
10

    —Algo importante, yo creo —me dice—. Lo encontré en La Almazara. En la habitación.

15 Es un sobre con la dirección de La Almazara. No reconozco el nombre.
    —¿Qué es? —pregunto a Yuki.
20 —Una carta. Mira el remite.

    Doy la vuelta al sobre, la escritura no es muy clara, pero el remitente dice: *Sam Hart.*
25 —¿Quién es Sam Hart? —digo—. ¿Sam Hart? Me suena algo… ¿*Soy* Sam Hart? —repito como si me estuviera probando una camisa.
30 Me queda bien. La cabeza me da vueltas.

Soy Sam Hart.

We are alive but I have the unsettling sensation that Álvaro is going to come out at any moment, thirsty for revenge.

Valentina, Hassan and Raúl get in the car, but Yuki takes a piece of paper from her pocket and gives it to me.
"Something important, I think," she says to me. "I found it in *La Almazara*. In the bedroom."

It's an envelope with the address of *La Almazara* on it. I don't recognize the name.
"What is?" I ask Yuki.

"A letter. Look at the return address."
I turn the envelope over; the writing is not very clear, but the sender says: Sam Hart.
"Who's Sam Hart?" I say, "Sam Hart? It rings a bell... *am I* Sam Hart?" I repeat like I'm trying on a shirt.

I suits me. My head is spinning.

I'm Sam Hart.

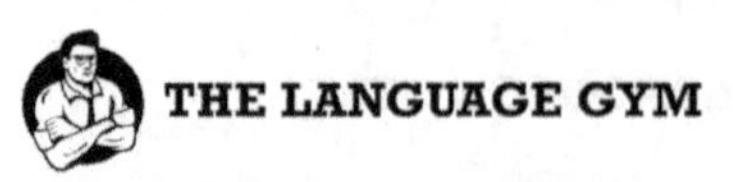

Me acerco al coche con la intención de decir a Ḥassan y a Valentina quién soy, pero Hassan me interrumpe antes de

5 que pueda hablar.
—Tenemos que llamar a la policía. Hay *tumbas* en el granero.

10 Hassan me mira a través de la ventanilla. Sostiene la rata en sus manos, sus ojos están rojos.

—¿Puedes creer que Álvaro es
15 un asesino? ¡Un asesino en serie!

Pienso en la cara diabólica con la que Álvaro nos miraba en el
20 momento en el que prendió fuego a la paja en el campo… Quería matarnos a todos así que, sí, puedo creer que este hombre es un asesino.
25

Saco mi teléfono para llamar a la policía, mis manos temblando. En la pantalla de mi móvil, hay dos notificaciones
30 de mensajes. Por lo menos tengo cobertura fuera de La Almazara.

I head towards the car, intending to tell Hassan and Valentina who I am, but Hassan cuts me off before I can speak.
"We have to call the police. There are graves in the barn."

Hassan looks at me through the car window. He holds the rat in his hands, his eyes are red.

"Can you believe that Álvaro is a murderer? A serial killer!"

I think of the diabolical face with which Álvaro looked at us at the moment when he set fire to the straw in the field...
He wanted to kill us all so, yes, I can believe this man is a murderer.

I pull out my phone to call the police, my hands shaking. On my mobile screen, there are two message notifications.
At least I have network coverage outside of *La Almazara.*

El primer mensaje es de Joanna: «El hermano de Renata está bien. Dice que tiene que hablar contigo urgentemente».

5

«¿El hermano de Renata?».

Me acuerdo de que Joanna fue al hospital para ver a nuestra
10 profesora de inglés, Renata, porque su hermano estaba enfermo.

«¿Por qué quiere hablar
15 conmigo?», me pregunto.

El segundo mensaje es de un número desconocido: «*¡Hola Sam! The Language School*
20 *gave me your number. I am your lawyer. It's regarding your father's recent passing*».

En este momento, el teléfono se
25 me cae de la mano y me siento en la acera de la calle incapaz de responder a las preguntas de mis amigos…

30 *Mi padre está muerto.*

Continuará…

The first message is from Joanna: *Renata's brother is fine. He says that he has to talk to you urgently.*

Renata's brother?

I remember that Joanna went to the hospital to see our English teacher, Renata, because her brother was sick.

'Why does he want to talk to me?' I wonder.

The second message is from an unknown number: *"Hi Sam! The Language School gave me your number. I am your lawyer. It's regarding your father's recent passing».*

At this moment, the phone falls out of my hand and I sit on the sidewalk unable to answer my friends' questions...

My father is dead.

To be continued.

www.ingramcontent.com/pod-product-compliance
Lightning Source LLC
LaVergne TN
LVHW011305210726
843509LV00016B/795